Gebrauchsanweisung für Weihnachten

Constanze Kleis

Gebrauchsanweisung für Weihnachten

PIPER

Mehr über unsere Autoren und Bücher:
www.piper.de

ISBN 978-3-492-27697-9

Redaktion: Sabine Wünsch, München
Satz: Fotosatz Amman, Memmingen
Druck und Bindung: CPI books GmbH, Leck
Printed in the EU

In Erinnerung an unsere Mutter,
der wir eine unerschütterliche Begeisterung für Weihnachten
und die herrlichsten Feste überhaupt verdanken.

Inhalt

Vorwort

Natürlich bin ich ein Fan von Weihnachten. War ich schon immer. Selbst unter den für das Fest erfahrungsgemäß so widrigen Bedingungen der Pubertät. Als es zur biografischen Arbeitsplatzbeschreibung gehörte, das Fest extrem uncool zu finden und es tunlichst zu vermeiden, bei »den Alten«, also seinen ja eigentlich noch ziemlich jungen Eltern, mit Opa und Oma und den Geschwistern zu »O du fröhliche«, Tanne Bestaunen und Kartoffelsalat mit Würstchen anzutreten. Zwei oder drei Mal bin ich – gerade volljährig und von zu Hause ausgezogen – nach der Bescherung noch in einen Musikklub gegangen. Weil das Wesentliche vom Fest ja erledigt schien: die Levi's, der Walkman, neue Bücher. Ehrlich: Ich habe es jedes Mal bereut. Bei Duran Duran oder Depeche Mode, den Specials oder Nina Hagen fühlte sich der Abend nämlich gar nicht mehr so besonders an. Und im Unterschied zu meinen Freunden konnte ich außerdem gar nicht über das Fest klagen. Nicht mal ein kleines bisschen.

Überall rotteten sich der Vorbereitungsstress und der Erwartungsdruck an eine Weihnachtsidylle aus dem Bilderbuch am Heiligen Abend offenbar zuverlässig zu einem Zweikomponentensprengstoff zusammen. Bloß bei uns nicht. Unsere Eltern waren einfach zu erschöpft, um sich wegen einer windschiefen Tanne zu streiten oder wegen der Frage, ob die Weihnachtsgans nach dem Rezept von Oma Luise oder Oma Therese zuzubereiten sei. Sie hatten eine Bäckerei und arbeiteten am 24. Dezember bis zum frühen Nachmittag. Nach sechs extrem anstrengenden Wochen. Während in anderen Familien der ganz große Krach gern auf Heiligabend vertagt wurde, vermutlich, weil da endlich mal alle anwesend waren, war es bei uns genau umgekehrt: Wir stritten den ganzen Rest des Jahres, bloß an Weihnachten nicht.

Unsere Mutter nutzte ihre letzten Energiereserven, um für uns drei Kinder ein zauberhaftes Weihnachtszimmer herzurichten, nachdem es ihr trotz allem immer irgendwie gelungen war, unsere Herzenswünsche zu erfüllen (außer dem Pony, dem »total süßen Hund« und dem großen Bruder). Großmütig überließ sie die Urheberschaft für unsere Ergriffenheit und die Freude angesichts all der Pracht dem Christkind. So lange, bis ich, natürlich rein zufällig, im Kleiderschrank meiner Eltern die Geschenke der zukünftigen Weihnacht fand. Undenkbar, ein Fest ohne Gaben. Wir bedachten die Erwachsenen mit windschiefen Engeln mit üppigen Watteperücken, denen aus allen Poren der Klebstoff quoll, oder selbst getöpferten Aschenbechern, obwohl bei uns niemand rauchte.

Im Unterschied zu anderen Vätern litt meiner nicht unter dieser typisch männlichen Rechenschwäche, die der kurzfristigen Bequemlichkeit so leichtfertig den langfristigen Ehefrieden opfert. Mein Vater wusste sehr gut, dass sich der emotionale Kredit, den man sich mit einem schönen Präsent zum Heiligen Abend verschafft, im Rest des Jahres doppelt und dreifach auszahlt und die Beziehungszufriedenheit so befeuern kann, dass sie die nächsten elf Monate wie ein Duracell-Häschen läuft und läuft und läuft (was bei ihm, wie meine Mutter fand, dringend nötig war). Gut, als meine Schwester und ich alt genug waren, betraute er uns mit der Aufgabe, die Geschenke für seine Frau zu beschaffen. Was einen Freund einmal zu der Bemerkung veranlasste, dass da doch bereits die weihnachtliche Heuchelei beginne. Ich dagegen fand damals schon – und der Meinung bin ich noch heute –, dass der Friede auf Erden das deutlich höhere Gut darstellte und knallharter Realismus an Weihnachten ohnehin der ganz falsche Ansatz sei. Schließlich verhält es sich mit dem Fest wie mit jeder langen Beziehung: Ein paar Illusionen und die austrainierte Fähigkeit, Konflikte unter den Teppich zu kehren, können der Sache nur dienlich sein.

Und es gibt noch eine Parallele: Wie in der Liebe glaubt man auch bei Weihnachten, man wüsste bereits alles, bloß weil man schon so viele Jahre miteinander verbracht hat. Aber selbst wenn man eine Blaufichte von einer Nordmanntanne unterscheiden kann, schon mal eine Ente zubereitet hat, weiß, dass nicht Coca-Cola den Weihnachtsmann erfand, und »O du fröhliche« draufhat, bedeutet das noch lange nicht, dass man dem Fest wirklich ins Gemüt gekrochen ist. Weihnachten ist viel mehr als das. Das habe ich erfahren, als ich für dieses Buch endlich einmal hinter den Bühnenvorhang dieses großen Zaubers geschaut habe, um zu erfahren, wer da eigentlich für die Kulissen zuständig ist, wer die Fäden zieht, wie die Hauptdarsteller zu ihren Rollen gekommen sind und wie es diesem schönsten und größten aller Feste seit

Jahrhunderten gelingt, uns die Vorfreude zu retten, Frieden zu schaffen, Hoffnung zu stiften, eine Familienportion Zauberstaub zu verbreiten, Liebe sowieso. Warum wir eigentlich Jahr für Jahr für nur einen einzigen Abend diesen wochenlangen Vorweihnachtszehnkampf absolvieren: backen, kochen, dekorieren, Geschenke beschaffen, mit den Kindern ins Theater gehen, die Büroweihnachtsfeier ohne größere Schäden an Ruf und Leber bewältigen, Tante Monika ertragen, den Mann auch diesmal nicht umbringen, obwohl er schon wieder viel zu spät eine viel zu kleine Tanne besorgt hat, Karten schreiben, Pakete zur Post bringen, wo sie wie alle Jahre wieder pünktlich zum Fest die Hälfte der Schalter geschlossen haben.

Weihnachten ist uns all das wert. Aus guten Gründen. Der vielleicht beste: dass wir uns einander und anderen wie sonst nie im Rest des Jahres zuwenden. In Wirklichkeit. Nicht auf Facebook. Auch eines der vielen Weihnachtswunder. Es zu feiern, wie es ihm gebührt, ist vielleicht das größte Geschenk, das man sich überhaupt machen kann. Was natürlich auf keinen Fall bedeutet, dass man damit von der Geschenkebeschaffung befreit wäre. Auch die gehört dazu, wie so viele andere Traditionen, Bräuche, Rituale, die das Fest erst zu dem machen, was es für uns ist: ein Herzöffner, ein Sehnsuchtsort, ein Heimathafen, Freude, Glück und auch die Lizenz, kalorisch ordentlich über die Stränge zu schlagen. Wie dem Fest dieses Multitasking gelingt, welches seine wichtigsten Protagonisten sind, wie sie sich, aber auch das Bühnenbild aus der Geschichte des Festes entwickelt haben und weshalb das Drehbuch einen Oscar verdient hätte, das werden Sie hier erfahren. Aber auch, warum am Ende gerade für Weihnachten gilt: *Besser geht's nicht* – ganz egal, wie viel schiefgeht. Denn das ist ja überhaupt das Wunderbare an Weihnachten: dass es gerade dann am schönsten ist, wenn es nicht perfekt sein muss.

Alle Jahre wieder …

… können wir es nicht lassen: Wir feiern Weihnachten. Die überwiegend meisten von uns wie seit Generationen unter einer Tanne und/oder an einer mit Enten- und Gänsebraten oder Karpfen reich gedeckten Familientafel. Vielleicht mit Geschenken, vielleicht ohne, aber ganz sicher mit vielen Erinnerungen an all die Feste davor. Wie nichts anderes verbindet uns Weihnachten ja vor allem auch mit unserem inneren Kind. Und außer Liebe und Tod – Hochzeiten, Geburten und Beerdigungen – bringt keine andere Macht der Welt Menschen so zuverlässig zusammen und zurück zu dieser großartigen Idee der Schöpfung, dass wir gesellige Wesen sind und nicht für das Alleinsein gedacht. Wie weiland schon Maria und Josef sich von Nazareth in Galiläa nach Bethlehem in Judäa auf den Weg machten, strebt zum 24. Dezember nahezu alle christliche Welt in ihren Heimathafen. Sagt uns unser inneres Navi: Folge dem Stern, dem Glanz von Echtwachskerzen, von Christbaumkugeln aus Lauscha, leuchtenden Kinderaugen und dem Rauschgoldengel von Oma Luise.

Das Ziel ist eine Weihnachtsidylle, »als wären deine Eltern noch zusammen«, so das Motto einer Berliner Hip-Hop-Party. Ein ideales Fest wie aus dem achten Kapitel von Thomas Manns *Buddenbrooks,* die Matrix aller großbürgerlichen Festlichkeit: Die Konsulin liest aus dem Weihnachtskapitel der Bibel vor. Alle singen »Stille Nacht«. Anschließend Bescherung unter einer prachtvollen Tanne, »geschmückt mit Silberflittern und großen weißen Lilien. (...) Überall liegen Geschenke«, genau jene, die sich die Kinder so sehnlichst wünschten. Man albert herum, bis eine überwältigende Fülle an Speisen und Getränken aufgetischt wird und man alte Bräuche zelebriert: »Thomas steckt ein paar Schuppen eines Fisches in sein Portemonnaie, die ihm finanzielles Glück bringen sollen.«

Auf knapp zwanzig Seiten beschreibt Thomas Mann in seinem berühmten Roman das Fest aller Feste. Jenen magischen Mix aus Ritualen, Traditionen, Intimität und Gemeinschaft, bei dem die Zeit stillzustehen scheint und wir uns erfolgreich einbilden können, dass alles Böse, Schlimme, Ärgerliche, alle Zwistigkeiten draußen bleiben könnten und die Familie auf ewig heil bleibt. Ein Traum. Kein unerreichbarer. Man braucht ja bloß nach Lübeck zu reisen. Dort haben das Literaturmuseum und die Lübeck und Travemünde Marketing GmbH im Buddenbrookhaus die perfekte Weihnacht mit dem Programm »Weihnachten bei Buddenbrooks« begehbar gemacht. Ein Schauspieler liest das Weihnachtskapitel vor, die Zuhörer naschen von braunen Kuchen, englischem Plumcake, weißen und rosa Baisers. Dann geht es in den ersten Stock des Hauses von Senator Thomas Buddenbrook, ins sogenannte Götterzimmer, in dem der Weihnachtsbaum steht und die Geschenke für den kleinen Hanno liegen: das Papiertheater, das Buch mit griechischen Sagen, ein Füllfederhalter mit einem bunten Glasprisma und ein Harmonium. Der Abend endet bei einem Weihnachtsbüfett. Ein urdeutsches Weihnachts-Disneyland. Romantisch, perfekt, aber auch ein wenig blutleer.

In Wahrheit und zum Glück hat Weihnachten deutlich mehr Puls. Schließlich haben wir es mit einem Familienfest zu tun, und allein deshalb kann unmöglich ein Heiliger Abend der siamesische Zwilling des anderen sein. Akteure sterben, werden weggeschieden, andere werden hineingeboren oder angeheiratet. Familienfusionen bringen jeweils auch neue Einflüsse – das Plätzchenrezept der Schwiegermutter, dass man vor der Bescherung singt, die Weihnachtsgeschichte vorliest oder noch einmal spazieren geht, um die hell erleuchteten Bäume der anderen durch die Fenster der Großstadt zu bestaunen. Auch das macht Weihnachten so besonders: dass es so ein größtmögliches Vielfaches auf einen einzigen gemeinsamen Nenner bringt. Ein rundum weiches, nachgiebiges und formbares Fest, das trotzdem in einem beinharten Korsett aus Ritualen und Traditionen steckt.

Bloß: Warum feiern wir eigentlich Weihnachten? Weil das so im Kalender steht? Weil die Oma zu Besuch kommt? Weil der Weihnachtsmann Geburtstag hat? Oder feiern die meisten Leute Weihnachten, weil die meisten Leute Weihnachten feiern, wie es Kurt Tucholsky einmal vermutete? Laut einer Umfrage kennt jeder zehnte Deutsche nicht die Gründe für das Fest. Vermutlich denken ebenso viele, dass es damals die Scheinwerfer des Coca-Cola-Lasters waren, die den Heiligen Drei Königen (oder waren es vier?) den Weg nach Bethlehem wiesen. Dabei gibt es einen wunderbaren Anlass für das Fest, nachzulesen in der Bibel, Lukas 2,1–20.

»Es begab sich aber zu der Zeit, dass ein Gebot von dem Kaiser Augustus ausging, dass alle Welt geschätzt würde«, lautet der berühmte erste Satz der Geschichte bei Lukas. Sie handelt davon, wie vor mehr als 2000 Jahren der Zimmermann Josef sich von Nazareth nach Bethlehem aufmachte, zum Herkunftsort seiner Familie, um sich dort in die Steuerliste eintragen zu lassen. Gemeinsam mit »Maria, seinem vertrauten Weibe; die war schwanger«. Als sie spät am Abend ankommen, ist »kein Raum in der Herberge«. Niemand will sie aufnehmen. Also kommen sie in einem Stall unter, wo Maria Gottes Sohn gebiert und ihn in eine Futterkrippe legt. Ein Engel verkündet den Hirten auf dem Feld die Frohe Botschaft, die himmlischen Heerscharen kommen dazu und loben, »Ehre sei Gott in der Höhe und Friede auf Erden und den Menschen ein Wohlgefallen!«. Später reisen noch die Heiligen Drei Könige Caspar, Melchior und Balthasar aus dem Morgenland an. Geleitet von dem Stern von Bethlehem. Sie bringen dem Neugeborenen »königliche Geschenke«: Gold, Myrrhe und Weihrauch. Schafe sollen auch dabei gewesen sein.

Sie sind nicht die einzigen Randgestalten. Auch Josef gehört zu den Statisten, der ewige Mann im Schatten eines berühmten Sohnes und einer dominanten Mutter. Er ist zwar immerhin der soziale Vater, aber in der Bibel werden nicht mal Worte von ihm überliefert. Kein einziges. Dabei hätte man da durchaus gern einige Fragen von ihm beantwortet bekommen: Ob er nicht manchmal ein bisschen traurig war, dass er ausgerechnet als Namensgeber für die Josefsehe – also eine Verbindung ohne Sex –

in die Geschichte einging. Und wie er das alles schafft. Er ist schließlich Schutzpatron der gesamten katholischen Kirche (seit 1870), von Mexiko, den Philippinen, Kanada, Peru, Böhmen, der Steiermark, von Kärnten und Tirol, des Bistums Osnabrück und des Erzbistums Köln. Außerdem ist er der Patron der Ehepaare und der Familien, der Kinder und Jugendlichen, der Erzieher, der Zimmerleute, Holzfäller, Tischler, Handwerker, Arbeiter, Ingenieure, zudem Schutzheiliger in Wohnungsnot, in Versuchungen und verzweifelten Lagen sowie für einen friedlichen Tod. Vor allem aber kennt man ihn als den geistigen Vater eines erfreulich entspannten Familienbegriffs: Bei Maria, Josef und Jesus haben wir es mit der ersten offiziellen Patchworkfamilie zu tun. Mit einer Mutter und ihrem Kind, das nicht von dem Mann ist, mit dem sie lebt. Das sah übrigens Kardinal Meisner, ein erklärter Josef-Fan, in einem Interview genauso: »Die Heilige Familie, Jesus, Maria und Josef, ist uns als Idealbild jeder menschlichen Familie geschenkt worden.«

Viele Bräuche ranken sich um die Weihnachtsgeschichte, vor allem um die Suche von Maria und Josef nach einer Herberge. In der Alpenregion klopften früher arme Leute in der Vorweihnachtszeit an die Türen der Wohlhabenderen, um Essen für die Festtage zu erbitten. Zum Dank trugen sie »Klöpfellieder« und Gedichte vor. Heute sind es vor allem Kinder, die das »Anklöpfeln« nutzen, um Süßigkeiten einzusammeln. In Bayern und Österreich wird beim »Frauentragen« eine Marienfigur von einer Familie zur nächsten gebracht. Jeweils am Abend wird sie im Rahmen einer Adventsandacht weitergereicht und bleibt über Nacht bei der neuen Gastfamilie. So wird nicht bloß der schwangeren Maria symbolisch ein Obdach gewährt. Man kommt auch mit den Gemeindemitgliedern in Kontakt. In Polen deckt man an Weihnachten immer für eine Person mehr ein, als anwesend sein werden. Damit will der Hausherr seine Gastfreundlichkeit unter Beweis stellen und zeigen, dass er anders als die Herbergsväter der Weihnachtsgeschichte niemanden abweisen würde. Und auf den Philippinen lässt man in der Weihnachtsnacht gleich ganz umstandslos die Türen offen. Diese Traditionen sind natürlich längst nicht die populärsten. Diese Ehre gebührt ganz zweifellos dem Standbild der Weihnachtsgeschichte, der Krippe.

Ich steh an deiner Krippe hier

In Krippendarstellungen ist Josef meist der Mann, der die Laterne hält. Neben ihm bestaunen Hirten, die Heiligen Drei Könige, deren Kamele oder Dromedare, außerdem Schafe, Ochs und Esel das Wunder von Jesu Geburt. Die wundersame Vermehrung der Tiere habe damit zu tun, »dass die Tiere an verschiedenen Stellen der Bibel als Symbole und Metaphern verwendet werden«, so die katholische Kirche auf katholisch.de. Angeblich verdanken wir dieses so wichtige Ausstattungsmerkmal Franz von Assisi, besser bekannt als heiliger Franziskus. Er soll 1223 in einem Wald bei Greccio in der Provinz Rieti eine Krippenfeier mit lebendigen Tieren abgehalten haben. Die Vorführung war ein solcher Erfolg, dass das Stück dort bis heute – als das mit der vermutlich längsten Spielzeit weltweit – läuft, immer zwischen dem 24. Dezember und dem 6. Januar. Nicht zufällig ist Bethlehem die Partnerstadt von Greccio.

Fünfzig Jahre später wurde in der Basilika Santa Maria Maggiore in Rom die erste Weihnachtskrippe gesichtet. Diesmal mit ausschließlich geschnitzten Figuren. Damit hat sich die Ewige Stadt den Ruf gesichert, die Wiege der Weihnachtskrippe zu sein, die *città presepe.* Zumal dort in einem silbernen Behälter Holzbrettchen aufbewahrt werden, die der Krippe Jesu entstammen sollen. Die jahrhundertelang als Heil bringend verehrten Reliquien habe Kaiser Konstantins Mutter Helena zusammen mit Erde von Bethlehem nach Rom gebracht. Die Basilika Santa Maria Maggiore ist ein höchst passender Aufbewahrungsort, denn nach einer Legende hat es an der Stelle, an der die Basilika steht, in der Nacht vom 4. August 352 geschneit. Dieses Wunder sei dem Papst zuvor von der Madonna angekündigt worden, und sie habe dabei nicht etwa den Wunsch nach Heizpilzen oder Decken für die Bevölkerung geäußert. Sie wünschte sich, dass eine Kirche am Ort des Wunders errichtet werde. Am 5. August wird auch heute noch Mariä Schnee gefeiert. Dabei lässt man während des Gottesdienstes weiße Blüten von der Decke »schneien«, die von Pilgern aufgehoben werden, weil sie Kranken helfen sollen.

Wen interessiert es da schon, dass die Holzkrippe nach den Worten des heiligen Hieronymus ein Futtertrog aus Lehm war. Er und andere Kirchenväter sprechen auch von der Höhle, die sich in Bethlehem an der Stelle befindet, an der Konstantins Mutter die Geburtskirche errichten ließ. Entsprechend sind viele Weihnachtskrippen als felsige, gewölbte Höhle gestaltet. Im Mittelalter brachten die Jesuiten die Idee einer szenischen Darstellung von Christi Geburt schließlich über die Alpen und verbreiteten sie in ganz Europa.

Zunächst fand man Weihnachtskrippen nur in Kirchen. Später begann der Adel, in der Hauskapelle eine Krippe in ganz großem Stil zu inszenieren. Eine Vorstellung von dem Krippenpomp, der damals herrschte, liefert die bedeutendste und künstlerisch wertvollste Krippensammlung der Welt im Bayerischen Nationalmuseum in München – zu bestaunen alljährlich von Anfang November bis Ende Januar. Den Höhepunkt bilden mehr als zwanzig Krippen mit Tausenden Figuren aus neapolitanischem Hof- und Adelsbesitz, für deren Besichtigung man schon Proviant mitbringen sollte. In Zeiten der Aufklärung musste die Krippe dann sehr viel kleinere Brötchen backen. Es gab zeitweilig sogar ein Krippenverbot für Kirchen und Ordenshäuser. Das brachte die Krippe schließlich auch in die Häuser weniger Begüterter. Aus dem kleinsten gemeinsamen Nenner – der Heiligen Familie, den Tieren im Stall und den Besuchern – entwickelte sich ein unfassliches Vielfaches an Erscheinungsformen, teilweise mit regionalem Bezug und ortstypischen Materialien. Im Erzgebirge wurde die Krippenszene in die Weihnachtspyramiden integriert. In El Salvador sind die Krippen aus bunt lackiertem Balsaholz, in Taiwan aus Bambus, in Brasilien fungiert eine Kalebasse als Höhle. Es gibt Jadearbeiten aus China, und in Korea werden Figuren mit asiatischen Gesichtszügen in Nationaltrachten aus Seide gewandet. Es gibt sogar Krippen aus Radieschen. In der Stadt Oaxaca im Südwesten Mexikos bestreitet man die Adventszeit mit dem Schnitzen der scharfen Knollen, bis am 23. Dezember, in der »Nacht der Radieschen« *(Noche de Rábanos),* die besten Arbeiten prämiert werden. Man benutzt für die Schnitzereien extragroße Züchtungen, die teils bizarre Formen aufweisen. Mit dem Fest soll an die Einführung dieser Gemüsesorte durch die Spanier Mitte des 18. Jahrhunderts erinnert werden.

In Katalonien hat man das heilige Personal um eine Figur aufgestockt, die man allenfalls bei einer der derberen Karnevalsveranstaltungen vermuten würde: Der »Caganer« – das Scheißerle – sitzt mit heruntergelassener Hose in der Hocke am Rand des Geschehens. Er ist nicht einfach ein Hirte, der an einem fiesen Magen-Darm-Virus leidet, der Glücksbringer knüpft seit dem 18. Jahrhundert auf diese eigenwillige Weise ein Band zwischen Mensch und Natur – er düngt den Boden, auf dass Neues entstehen möge.

Wer sich tief in die Krippenmaterie knien möchte, der kann das ganzjährig in der Krippenausstellung in Losheim an der deutsch-belgischen Grenze tun. Mit immerhin 300 Krippen auf 2500 Quadratmetern rühmt sich die ArsKrippana, die größte Ausstellung ihrer Art europaweit zu sein. Zu besichtigen sind dort auch die sizilianische Krippe, die 1987 für die Privatgemächer von Papst Johannes Paul II. gefertigt wurde, und die Marcellus-Krippe mit ihren fast vierzig Quadratmetern. Wer selbst Hand anlegen will: Jedes Jahr gibt es hier Lehrgänge für potenzielle Krippenarchitekten.

Neuester Zugang auf dem internationalen Krippenmarkt ist die Hipster-Variante für 99,99 Dollar: Jesus mit Beanie auf dem Kopf, Josef macht gerade ein Selfie von der jungen Familie, und eine etwas derangierte Maria in Leder-Leggings und verrutschtem Shirt hält in der einen Hand einen Coffee-to-go-Becher, während sie den Mund zum Duckface spitzt. Die drei Weisen aus dem Morgenland stehen auf Segways, jeder mit einem Paket von Amazon unter dem Arm. Das Rind trägt einen Stempel mit »100 % organic« und das Schaf einen roten Strickpullover. Daneben steht der Schäfer in Jeans und Pullover und postet das Event offenbar gerade auf Instagram oder skypt mit Freunden, um das frohe Ereignis zu verkünden.

Vom Himmel hoch, da komm ich her

Mit Christi Geburt werden an Weihnachten auch Toleranz, Freude, Hoffnung auf Erlösung, auf einen Neuanfang, auf Frieden auf Erden, auf Nächstenliebe und ein Leben in Furchtlosigkeit gefeiert. Das hätte man natürlich genauso an jedem anderen Tag tun können. Und perfekt wäre es ja ohnehin, man würde es ganzjährig tun. Wie aber kam man ausgerechnet auf die Nacht vom 24. auf den 25. Dezember? Zumal es die ersten 300 Jahre nach dem vermeintlichen Termin niemanden sonderlich kümmerte, wann genau Jesus Geburtstag hat. Man interessierte sich mehr für Tod, Auferstehung und die Verheißung der Wiederkunft, wie es die Engel versprochen hatten: »Und als sie ihm nachsahen, wie er gen Himmel fuhr, siehe, da standen bei ihnen zwei Männer in weißen Gewändern. Die sagten: Ihr Männer von Galiläa, was steht ihr da und seht zum Himmel? Dieser Jesus, der von euch weg gen Himmel aufgenommen wurde, wird so wiederkommen, wie ihr ihn habt gen Himmel fahren sehen.«

Doch dann ging es los mit der Suche nach einem passenden Datum. In der Spätantike nahm man an, Christus sei im Frühling geboren, am 28. März. Weil Christus die »Sonne der Gerechtigkeit« sei und der 28. März der Schöpfungstag der Sonne. Später hielt man das Weihnachtsfest für die Fortsetzung des Sonnengottkults. Demnach habe die Kirche einfach das Datum des heidnischen *dies natalis invicti,* des Geburtstags des Unbesiegten – des Sonnengottes Mithras –, übernommen. Zum einen, um einen ohnehin schon bekannten Termin zu nutzen und damit die Frohe Botschaft leichter unters Volk zu bringen. Zum anderen, um den heidnischen Kult mit dem Geburtstag Christi für alle Zeiten zu »überschreiben«. Den Einwand, dass die Kirche bis zur Mitte des 4. Jahrhunderts Geburt und Taufe zusammen unter dem Namen Epiphanie am 6. Januar feierte, ehe Papst Liberius die Geburt auf den 25. Dezember datierte, ließ man nicht gelten. Auf den 6. Januar sei ja das ägyptische Aions-Fest gefallen, mit dem man die Geburt des Sonnengotts Aion aus der Jungfrau Kore feiert.

Ja, es ist kompliziert, und die Gelehrten streiten. Wenigstens einer hat etwas Ordnung in die Spekulationen um Christi Geburtstermin gebracht: der Wiener Koptologe und Papyrologe Hans Förster. In gleich zwei Büchern *(Die Anfänge von Weihnachten und Epiphanias* und *Die Feier der Geburt Christi in der Alten Kirche)* räumt er mit den ganzen Sonnengotttheorien auf. Demnach hat es an den beiden Terminen überhaupt keine hohen heidnischen Feiertage gegeben. Vielmehr habe ein »innerkirchliches Bedürfnis« nach einem Geburtsfest und die Bezeichnung des Messias als »Sonne der Gerechtigkeit« beim Propheten Micha direkt zum 25. Dezember geführt, zu dem Tag, von dem an das Licht wieder zu wachsen beginne. Es sei der »Geburtstag des Tages«, nicht der Sonne.

Wer auch immer recht hat, Fakt ist, dass sich zumindest der 6. Januar als Weihnachtstermin einiger orthodoxer Kirchen nach dem julianischen Kalender richtet – so benannt nach Julius Cäsar –, der das christliche Leben bis zum ausgehenden 16. Jahrhundert regelte. Darin hatte das Jahr 365,25 Tage. Um den Vierteltag irgendwie auszugleichen, gab es drei Jahre mit 365 und ein Schaltjahr mit 366 Tagen. Die Monate wurden in solche zu dreißig und 31 Tagen gegliedert und die siebentägige Woche eingeführt. Aber ein Sonnenjahr dauert nicht genau 365,25 Tage, sondern ist um etwa elf Minuten kürzer. Das läppert sich über die Jahrhunderte, sodass die Tagundnachtgleiche im Frühjahr irgendwann vom 21. März auf den 11. März gerutscht war. 1582 wurde deshalb der gregorianische Kalender eingeführt. Papst Gregor XIII. ließ dafür einfach mal die Zeit um zehn Tage nach vorn springen: vom 5. auf den 15. Oktober. Zwar sollte es immer noch in allen durch vier teilbaren Jahren einen Schalttag geben, allerdings nicht in den auch durch hundert teilbaren Jahren, es sei denn, diese wären auch durch 400 teilbar. (Deshalb war das Jahr 2000 ein Schaltjahr, obwohl 2000 durch hundert teilbar ist.)

Mit dem neuen gregorianischen Kalender wurde die irdische Zeitmessung auf Tausende von Jahren den Geschehnissen am Firmament angepasst. Aber nicht für alle sofort und für manche gar nie. Großbritannien etwa übernahm den gregorianischen Kalender erst 1752, China 1912 und Russland 1918. Die orthodoxen Kirchen weigerten sich noch länger, sich von einem Papst ihre Termine vorschreiben zu lassen. Sie hielten bis 1923 am julianischen Kalender fest, und manche tun das bis heute. Mit dem Ergebnis, dass die orthodoxen Kirchen von Konstantinopel, Alexandrien, Antiochien, Rumänien, Bulgarien, Zypern, Griechenland, Albanien und Finnland das Weihnachtsfest am 25. Dezember feiern. Diejenigen von Jerusalem, Russland, Serbien, Mazedonien, Polen, Tschechien und der Slowakei, Georgien und der Ukraine sowie die Athosklöster in Griechenland feiern am 7. Januar, ebenso wie die altorientalischen Kirchen – Armenier, Kopten, Äthiopier und Eritreer. In absoluten Zahlen feiern somit etwa 200 Millionen Christen weltweit später Weihnachten als ihre 1,8 Milliarden nicht-orthodoxen Glaubensschwestern und -brüder.

Ob orthodox oder nicht, sie feiern. *Vánoce* im Tschechischen, *Christmas* im Englischen und *Kerstmis* im Niederländischen – Bezeichnungen, die auf den Namen für die Messe an diesem Tag zurückgehen. In anderen Kulturen bezieht man sich direkt auf das Ereignis, also auf die Geburt (lateinisch *natalis*). In Frankreich heißt das Fest deshalb *Noël,* in Italien *Natale,* in Spanien *Navidad,* katalanisch *Nadal,* portugiesisch *Natal,* irisch *Nollaig,* polnisch *Boże Narodzenie* (»Gottes Geburt«), russisch *Roschdestwo* und chinesisch *Shèng dàn jié* (»heilig Geburt Fest«). Einfach den Namen für das heidnische Fest zur Wintersonnwende übernommen haben die nordgermanischen Sprachen. So sagt man im Dänischen, Schwedischen und in den beiden norwegischen Sprachen Bokmål und Nynorsk *Jul* und im Färöischen sowie im Isländischen *Jól.* Auch das Finnische, obwohl keine germanische Sprache, hat das Wort als *Joulo* übernommen. Eventuell nehmen auch das bulgarische *Koleda,* das rumänische *Crăciun* und das ungarische *Karácsony* auf vorchristliche Sonnwendfeiern Bezug, die Etymologie ist aber umstritten. In Hindi, der wichtigsten Sprache Indiens, heißt Weihnachten *Bada Din,* das bedeutet schlicht »großer Tag«. Und das trifft es doch ziemlich gut.

Joy to the World

Weihnachten ist ja das vermutlich größte Fest auf diesem Planeten. Größer als Pfingsten und sogar größer als Fußball. Und wie beim Sport gibt es zwar ein paar Regeln, aber gleichzeitig maximalen gestalterischen Spielraum. Der zeigt sich in regionalen Besonderheiten und auch in kulturellen Unterschieden. Man feiert in Thüringen anders als in Bayern, in Brasilien anders als in Finnland.

In der finnischen Stadt Turku etwa ist der »Frieden auf Erden«, der andernorts doch recht lax gehandhabt wird, seit 1320 sogar ein kategorischer Imperativ. Um zwölf Uhr am Heiligabend steigt der Chef der Staatskanzlei auf den Balkon des Brinkkala-Hauses, wie das alte Rathaus in Turku heißt, und mahnt in traditionellen Worten an, »dieses Fest mit der angemessenen Frömmigkeit zu begehen sowie sich im Übrigen still und ruhig zu benehmen, denn der, der diesen Frieden bricht und den Weihnachtsfrieden durch ungesetzliches oder unangemessenes Betragen stört, ist unter erschwerenden Umständen schuldig für die Strafe, die das Gesetz und die Verordnungen für ein jedes Verbrechen und Vergehen gesondert festsetzen.« Drei Tage dauert der Weihnachtsfrieden. Früher war es tatsächlich Brauch, dass in dieser Zeit Vergehen wider die öffentliche Ordnung doppelt so hart bestraft wurden wie im Rest des Jahres. Heute lässt das die moderne Gesetzgebung leider nicht mehr zu.

Auch ohne Randale und trotz bis zu 25 Minusgraden haben die Finnen wohl die heißeste Weihnacht der Welt. Sie gehen nämlich auch am 24. Dezember in die Sauna.

Gern mit der ganzen Familie. Danach besucht man gemeinsam den Friedhof und spendiert jedem verblichenen Angehörigen eine Kerze. Zur Stärkung kommt am Heiligen Abend angeblich ein »gebackener Schwede« auf den Tisch, wie das Internet und einige Zeitungen behaupten. Den hat meine finnische Verwandtschaft allerdings noch nie gesehen und hält ihn für einen Übersetzungsfehler. Verzeihlich, schließlich belegt Finnisch den vierten Rang unter den zehn schwersten Sprachen der Welt. Dass man im Internet trotzdem Hinweise darauf findet, dass es sich beim »gebackenen Schweden« offenbar um einen Schweinebraten handelt, spricht nur dafür, dass sich mittlerweile sogar das World Wide Web seine eigenen Weihnachtstraditionen erfindet.

Auch auf den Färöer-Inseln ist es Brauch, die Gräber von Angehörigen zu besuchen und weihnachtlich zu dekorieren. Dort währt Weihnachten übrigens 21 Tage: vom Heiligen Abend bis zum 13. Januar, dem Weihnachtskehraus. Vielleicht braucht man in einem Umfeld, in dem vor allem Flechten, Moose und Pilze, aber keine Bäume wachsen, einfach länger, um richtig in Weihnachtsstimmung zu kommen. Am 25. Dezember ist *Jóladagur,* ein Feiertag, an dem viele zum Vormittagsgottesdienst gehen. Am 26. Dezember, *Annar Jóladagur,* besucht man Freunde und Verwandte und geht abends zum Tanz. Getanzt wird auch am 6. Januar, dem *Trettandi,* und am 13. Januar, dem *Tjúgundahalgi.*

Den Philippinen gebührt die Ehre, aus Weihnachten eine ganze Jahreszeit gemacht zu haben. Schon im September hört man Weihnachtslieder, und spätestens im November ist der Weihnachtsbaum geschmückt. Offiziell beginnt die Weihnachtszeit am 16. Dezember mit Glockengeläut. Blaskapellen marschieren auf und Feuerwerk wird entfacht. Startschuss zur *Novene* – einem neun Tage langen Zyklus von heiligen Frühmessen, die jeweils um drei Uhr beginnen. Danach versammelt man sich an Essständen, frühstückt Reiskuchen mit heißem Ingwerbier. Der Heilige Abend *(Nochebuena)* beansprucht dann gleich die ganze Nacht. Die Familie besucht die Mitternachtsmesse und trifft sich anschließend zum Essen. Überall stehen die Türen offen, man singt Lieder wie »Esta noche es noche buena/no es noche para dormir« (»Diese Nacht ist die gute Nacht, diese Nacht ist keine Nacht zum Schlafen«). Am Weihnachtsmorgen ist dann Bescherung. Damit ist Weihnachten aber längst nicht am Ende. Es folgt noch der 28. Dezember, *El Día de los Niños Inocentes* (»Der Tag der unschuldigen Kinder«), in Erinnerung an jenen Tag, an dem König Herodes entschied, alle neugeborenen Knaben in Judäa umbringen zu lassen. Der 28. Dezember ähnelt unserem 1. April, an dem man andere aufs Glatteis führt. Auf den Philippinen gehören auch Silvester und vor allem der Neujahrstag zum Weihnachtsfest dazu. Am 6. Januar, dem Tag der Heiligen Drei Könige, ist Weihnachten dann eigentlich vorbei. Aber weil es so schön war, wünschen sich die Philippiner noch bis Februar fröhliche Weihnachten.

In Brasilien lässt man es ebenfalls ordentlich krachen. Am 24. Dezember wird gegen Mitternacht ein beeindruckendes Feuerwerk gezündet, das symbolisch die Geburt des Christkinds verkündet. Da das Fest mitten im Hochsommer stattfindet, arbeitet *Papai Noel,* der Weihnachtsmann, unter Saunabedingungen. Selbstverständlich tritt er in voller Montur und nicht etwa im Stringtanga zur Arbeit an. Beschert wird erst um Mitternacht, nach dem Höhepunkt der brasilianischen Weihnachtsfeier, der traditionellen Mitternachtsmesse *Missa do Galo* (»Messe des Hahns«), die so genannt wird, weil ein Hahn damals in Bethlehem als Erster das frohe Ereignis verkündet haben soll.

Auch Spanien hat natürlich seine ganz eigenen Weihnachtstraditionen. Nach einem mehrgängigen Festmahl wird die *urna del destino* (die »Urne des Schicksals«) auf den Tisch gestellt, die kleine Geschenke, aber auch Nieten enthält. Sie ist dazu gedacht, die Gabendurststrecke bis zum 6. Januar zu überbrücken, dem eigentlichen Bescherungstag. Mittlerweile sind zwar viele Spanier zum 24. Dezember übergelaufen, dennoch wird der 6. Januar nach wie vor groß gefeiert.

In England arbeitet man emsig daran, einen Rekord zu halten: den der tüchtigsten Weihnachtskartenschreiber weltweit. Hier sind die Karten ein zentrales Schmuckelement. Man stellt sie auf den Kaminsims oder fädelt sie auf Schnüre und hängt sie wie Girlanden auf. Die Erste ihrer Art soll übrigens im Jahre 1841 im Schaufenster eines schottischen Buchhändlers gesichtet worden sein. Wenig später ließ sich ein Londoner Geschäftsmann als Arbeitserleichterung in Sachen Weihnachtspost von einem bekannten Künstler eine Weihnachtsbotschaft entwerfen, die gedruckt und verschickt werden konnte. Offenbar hatte er geradezu facebooktaugliche Kontakte, denn es wurden immerhin tausend Stück gedruckt. Die Idee kam so gut an, dass 1880 bereits Millionen solcher Karten verkauft wurden. So steuerten die Briten die Weihnachtskarte zum globalen Fest bei – im Unterschied zum *Boxing Day,* der es nicht in den internationalen Weihnachtskosmos geschafft hat.

Beim *Boxing Day* handelt sich um den zweiten Weihnachtsfeiertag, an dem es zur Feudalzeit üblich gewesen sein soll, den Bediensteten in einer Box eine Sondergratifikation in Form von Lebensmitteln oder Kleidung zu überreichen. Als die Leibeigenschaft mehr oder weniger nahtlos in das Angestelltenwesen übergegangen war, diente die *Christmas Box* als Trinkgeldbehältnis. Heute wird darin all jenen eine Kleinigkeit überreicht, die einem im Lauf des Jahres den Alltag erleichtern (oder, wenn der Obolus zu knickerig ausfällt, auch erschweren): Briefträgern, Hausmeistern, Paketboten, Putzfrauen.

Für Fußballfans hat der *Boxing Day* noch eine andere Bedeutung. Da man von Männern unmöglich erwarten kann, ganze drei Tage ohne das runde Leder auszukommen, wird in England seit dem 26. Dezember 1860 auch an Weihnachten gekickt. Den Anstoß gaben die beiden ältesten Fußballvereine der Welt, Sheffield FC und Hallam FC, und trafen damit sofort ins Schwarze. Wie wunderbar das alternative Weihnachten auf dem Bolzplatz funktioniert, lässt sich unschwer an den Besucherrekorden ermessen: Bereits 1949 erreichte der Weihnachtsfußball mit fast 3,5 Millionen Zuschauern einen Höhepunkt. Damals spielte man sogar am 25. Dezember – also dem offiziellen britischen Bescherungstag. 1965 aber wurde das letzte Spiel an einem Christmas Day, dem ersten Weihnachtsfeiertag, ausgetragen – Blackpool schlug Blackburn vier zu zwei. Seitdem wird »nur« noch am zweiten Weihnachtsfeiertag gespielt, das aber von der ersten bis zur fünften Liga. Dann kommen ganze Familien ins Stadion. Dankbar für die Möglichkeit, rauszugehen und gemeinsam etwas unternehmen zu können. Eine Besonderheit, die allerdings mit der Skandal-WM in Katar 2022 Konkurrenz bekommen wird. Auch dort soll zur Weihnachtszeit gespielt werden. Das Endspiel ist auf den 18. Dezember terminiert. Die Folge: Der Boxing Day, einer der lukrativsten Spieltage des Jahres, würde wegfallen. Einen Angriff auf die »große englische Tradition« des Fußballs nannte es Peter Coates, Chef von Stoke City. Vielleicht hängt man ein paar Mistelzweige mehr in Katar auf, um daran zu erinnern, dass Weihnachten vor allem ein Fest der Liebe sein sollte.

Advent, Advent

Kürzlich las ich, dass laut einer Umfrage zwei von drei Deutschen nicht bereit wären, länger als fünf Minuten auf eine Verabredung zu warten. Ein Grund mehr, den Advent zu loben. Der lehrt uns wieder, was wir kaum noch können: Geduld haben. Er macht nicht schneller, bloß weil die meisten von uns kaum mehr Langmut besitzen als ein Achtjähriger kurz vor der Bescherung. Niemand kann sich vordrängeln oder am Erste-Klasse-Weihnachtsschalter von der Wartezeit freikaufen, den Heiligen Abend vorverlegen – oder in den Januar verschieben, weil es praktisch wäre, die Geschenke im Ausverkauf zu besorgen. Der Advent ist unverhandelbare Basisdemokratie, für alle gleich lang.

Früher zog er sich vom 11. November bis zum 6. Januar. Dann beschränkte Papst Gregor I. die Zeit des Wartens auf *adventus,* die »Ankunft« des Gottessohnes, auf vier Wochen. Es sei denn, der 24. Dezember ist ebenfalls ein Sonntag, wie im Jahr 2017. Dann fallen der vierte Advent und der Heilige Abend zusammen. Ja, das geht, weil Heiligabend nämlich streng genommen *kein* Feiertag ist – weder ein kirchlicher noch ein gesetzlicher! Es ist einfach der Tag vor Weihnachten, und das beginnt nach kirchlichem Verständnis mit dem *Abend* des Vortags. Wenn also Weihnachten erst um achtzehn Uhr des 24. Dezember beginnt, dann kann der vierte Advent, der ja nur bis achtzehn Uhr geht, durchaus auf dem 24. Dezember liegen. Verwirrend? Kein Problem. Der Advent gibt einem ja genug Zeit, ihn zu verstehen.

Ein wenig Unterstützung erhält man dabei durch die »römisch-katholische Grundordnung des Kirchenjahres von 1969«. Darin steht, dass die vier Wochen vor Heiligabend dazu gedacht sind, sich auf die »weihnachtlichen Hochfeste mit ihrem Gedächtnis des ersten Kommens des Gottessohnes zu den Menschen« vorzubereiten. »Andererseits lenkt die Adventszeit zugleich durch dieses Gedenken die Herzen hin zur Erwartung der zweiten Ankunft Christi am Ende der Zeiten. Unter beiden Gesichtspunkten ist die Adventszeit eine Zeit hingebender und freudiger Erwartung.« Jesus hatte ja versprochen, ein zweites Mal auf die Welt zu kommen. Auch darauf bezieht sich das Wort »Advent« – das als »Ankunft« wie auch als »Kommen« übersetzt werden kann.

Eine ganze Glaubensrichtung hat sich aus der Überzeugung entwickelt, dass Jesus bald wiedergeboren wird. Ihre Anhänger nennen sich »Adventisten«. Sie hatten auch schon ein Jahr für das freudige Ereignis festgelegt – zunächst 1843, dann 1844, schließlich 1845 –, ebenso seine Choreografie: erstens Weltgericht, zweitens Ende der Welt, wie wir sie kennen, und drittens Beginn der Ewigkeit. Seit die Jahre ohne Apokalypse verstrichen sind, sieht man allerdings davon ab, noch einmal konkret zu werden.

Das bedeutet nicht, dass am ersten Advent nicht auch so etwas wie eine kleine Ewigkeit beginnt. Bis 1917 galt ein Fastengebot, das in manchen Ländern, wie zum Beispiel Polen, noch heute eingehalten wird. Inklusive des Verbots zu tanzen, zu heiraten und zu trinken. Da zieht es sich natürlich bis zur nächsten ordentlichen Mahlzeit. Heute sind es die Bescherung, das große oder auch kleine Familientreffen, die zu dem interessanten Phänomen führen, dass sich vier Wochen im Dezember doppelt so lange anfühlen wie vier Wochen im Mai oder Oktober.

Frei nach dem Schriftsteller Heinrich Spoerl, der einmal sagte, »die Kunst des Wartens besteht darin, inzwischen etwas anderes zu tun«, sorgen Kirche und Brauchtum zum Glück für ausreichend Ablenkung und Beschäftigung. Man kann zum Beispiel in eine katholische Kirche gehen und dort erleben, was die meisten von uns vermutlich gar nicht wissen: dass jedem der vier Adventssonntage ein anderes Thema gewidmet ist. Am ersten geht es um die »Wiederkunft Christi am Letzten Tage«, also um Apokalypse und Jüngstes Gericht. Am zweiten und dritten Adventssonntag steht Johannes der Täufer im Mittelpunkt. Er ist der letzte Prophet, der »die Wege für das Kommen des Herrn bereiten will«. Der vierte Adventssonntag ist der Gottesmutter Maria gewidmet. Das evangelische Kirchenjahr sieht Ähnliches vor: Den ersten Sonntag im Advent bestimmt das Evangelium vom Einzug Jesu in Jerusalem. Der zweite Sonntag ist von der »Sehnsucht nach der Wiederkehr Christi und damit verbunden der Hoffnung auf eine gerechte Welt und auf Erlösung« geprägt. Beim dritten lautet die Kernaussage: »Ein Weg wird bereitet.« Sie ist verknüpft »mit der Gestalt Johannes des Täufers, der als Wegbereiter des

Heilands gilt«. Am vierten heißt es schließlich: »Freut euch, ihr Hungrigen!« – bezogen auf den Evangelist Lukas, der die Mutter Jesu über ihren ungeborenen Sohn sagen lässt: »Er stößt die Gewaltigen vom Thron und erhebt die Niedrigen. Die Hungrigen füllt er mit Gütern und lässt die Reichen leer ausgehen.«

Auf den christlichen Fahrplan der Vorweihnachtszeit gehört außerdem noch die »Andreasnacht« am 30. November. So benannt nach dem gleichnamigen Apostel und Märtyrer. Wie die Wintersonnenwende am 20./21. Dezember und Silvester am 31. Dezember/1. Januar gilt sie als eine der »Losnächte«. Solche Nächte waren im Volksglauben besonders dafür geeignet, einen Blick in die Zukunft und auf den Zukünftigen zu werfen. Heiratswillige Mädchen sollten in der Andreasnacht in den Spiegel schauen, weil ihnen dort ihr Bräutigam erscheint. Und wenn nicht, würde man wenigstens eine grobe Schicksalsrichtung in Erfahrung bringen können, indem man den linken Pantoffel über die Schulter wirft. Zeigt die Schuhspitze zur Tür, so wird man innerhalb eines Jahres vor dem Traualtar stehen. Mein Favorit aus dem reichen Arsenal der Parship- und Tinder-Alternativen: Vor dem Zubettgehen zwei Becher Wein trinken und warten, welcher Mann einem im Traum erscheint. Der wird dann geheiratet.

Nachdem das erledigt ist, wird am 4. Dezember auch schon der Barbaratag gefeiert, das Namensfest einer der populärsten Heiligen der katholischen Kirche. Am 6. Dezember kommt der Nikolaus, und am 8. Dezember folgt Mariä Empfängnis. Es ist der Tag, an dem die Christen der Zeugung Marias gedenken, die nach der Lehre der Kirche ohne Erbsünde auf die Welt kam. Am

13. Dezember wird die heilige Lucia von Syrakus, eine Märtyrerin des 4. Jahrhunderts, mit einem Lichterfest geehrt. Bereits im Mittelalter galt Lucia als eine der berühmtesten Heiligen des Abendlands (warum, das wollen Sie so genau gar nicht wissen, es sei denn, Sie sind ein Fan von Splattermovies; nur so viel: Die katholische Kirche ist wirklich eine Drama-Queen).

Heute ist das Luciafest vor allem in Schweden, Norwegen, Dänemark und bei der großen schwedischen Minderheit in Finnland sehr populär. Mädchen tragen lange weiße Kleider und halten brennende Kerzen in der Hand. Die älteste Tochter einer Familie ist die »Lucienbraut«. Sie führt die Prozession der Kinder an. Ihre Kerzen stecken auf einem grünen Kranz, den sie auf dem Kopf trägt. Es ist üblich, dass sie am »Luciamorgen« mit ihren Geschwistern die schlafenden Eltern weckt und ihnen ein Frühstück mit *Lussekatter,* einem Safranhefegebäck, und *Glögg,* dem schwedischen Glühwein, serviert. In Italien wird Lucia als Stadtheilige von Syrakus, Venedig und Mantua ebenfalls mit einer Lichterprozession gefeiert.

In dulci jubilo

Jetzt sind es immer noch elf Tage bis Weihnachten. Aber die braucht man auch. Zum Beispiel für die Betriebsweihnachtsfeier. Schon Anfang Dezember gibt es kaum noch freie Plätze im Restaurant. Alles ausgebucht für diesen einen guten Zweck: den betriebsinternen Klimaschutz. Nein, niemand darf sich drücken. Das Fernbleiben könnte ganz richtig von den Kollegen als Desinteresse an ihnen und von der Betriebsleitung als Ignoranz gegenüber der Firma und ihrer Großzügigkeit gewertet werden. Sogar der Chef muss zwingend dabei sein. Obwohl es ohne ihn sicher viel entspannter wäre. Aber das lassen ihm die Karriereratgeber und -coaches nicht durchgehen. Sie behaupten vielmehr, es gehöre zu den verdammten Pflichten von Führungskräften, die Weihnachtsfeier dazu zu nutzen, »Vertrauen aufzubauen«, sich »nahbar« zu zeigen und gefälligst ausgelassen zu sein. Ja, die Welt soll erfahren, dass Herr Dr. Müller von der Geschäftsleitung mit Vornamen Eberhard heißt und eigentlich ein Mensch ist wie du und ich.

Das klingt zwar so spaßbefreit wie ein Tag in der Notaufnahme, ist aber nur die Anfangshürde. Spätestens nach den ersten Cocktails ist man froh, dabei zu sein und dass die Unfallversicherung nicht kneifen darf, sollte man während der Polonaise über den Abteilungsleiter stolpern, der gerade in Embryonalstellung versucht, der neun Glühweine und vier Eierliköre Herr zu werden, die er in der irrigen Annahme, damit würde der Abend rasch vorbeigehen, viel zu schnell getrunken hat. Überhaupt werden wichtige Beiträge nicht nur für das Teambuilding, die Überwindung von Barrieren zwischen Männern und Frauen, zwischen dem Oben und dem Unten der Firmenhierarchie, sondern auch für den Büroklatsch geleistet.

Ganze Benimmratgeber widmen sich diesem Event und machen in ihrem Bemühen, das Schlimmste zu verhüten, vor allem deutlich, womit man rechnen muss. Demnach wirkt die Mischung aus Alkohol und all der Spannungen, die sich in einem Arbeitsjahr so aufbauen – erotisch wie sozial –, wie ein Brandbeschleuniger. Hierarchien erodieren dabei ebenso wie das oberste Gebot eines jeden Betriebsfriedens: »Schweigen ist Gold«. Wann, wenn nicht jetzt, sollte man dem Chef einmal deutlich erklären, was man von seinem Führungsstil hält, dass da zwischen dem Hausmeister und der Buchhalterin bestimmt was läuft – und zwar im Kopierraum – und weshalb eine Gehaltserhöhung längst überfällig ist? Wo er einem doch gerade das Du angeboten hat. Oder war es umgekehrt? Und wann, wenn nicht jetzt, kann man als Assistentin dem Geschäftsführer mal zeigen, dass man ihn schon seit Monaten heiß begehrt und den Ehering an seinem Finger ganz sicher nicht für ein Hindernis hält? Kurz: Es stehen eine Menge Fettnäpfchen herum. Und zwar weltweit.

Die amerikanische Personalvermittlung Creative Group wollte einmal bei einer Umfrage unter Marketingmanagern wissen, was das Verrückteste war, das sie jemals bei einem solchen Event erlebt haben. Da war, so die *FAZ,* alles dabei von »nackt auf einem Riesenrad fahren« bis »alle Chefs kamen in Boxershorts«. Von einer Goldman-Sachs-Weihnachtsfeier in London ist überliefert, dass sich zwei Banker prügelten. Angeblich, weil der eine dem anderen sein Dalmatinerkostüm neidete. Von einer anderen Party in England wird berichtet, wie ein Kollege beim Versuch, seinen blanken Hintern zu kopieren, leider das Fassungsvermögen des Geräts über- und sein Gewicht unterschätzt hatte. »Er hörte ein alarmierendes Knacken, und bevor er noch herunterspringen konnte, barst die Scheibe, und er steckte mit seinem Hintern fest. Ganz abgesehen von den üblen Schnittverletzungen, die er davontrug, war er natürlich auch nicht begeistert davon, sich der Ambulanz so präsentieren zu müssen.« Und im Internet kursiert immer noch die Geschichte von der Merrill-Lynch-Party in Neuseeland, auf der ein Mann starb, nachdem sein synthetischer Bastrock von einem Arbeitskollegen mit einem Feuerzeug in Brand gesteckt worden war (die Party stand unter dem Motto »Hawaii«, und der Mann war nicht der Erste, an den der Kollege an dem Abend sein Feuerzeug gehalten hatte, nur eben der mit dem größeren Pech). Aber die Büroweihnachtsfeier kostet nicht nur Leben, sie bringt auch neues in die Welt. Franz Beckenbauer soll auf einer solchen des FC Bayern seinen Sohn Joel Maximilian gezeugt haben.

2016 kam mit der Filmkomödie *Office Christmas Party* eine Art Who's who der Weihnachtspartyexzesse ins Kino, die darin gipfelt, dass ein Mann in einem Jesuskostüm durch die volltrunkene und weitestgehend entkleidete Belegschaft reitet. Aber das ist Hollywood. Im echten Leben sind die meisten Betriebsweihnachtsfeste nämlich längst ziemlich jugendfreie Veranstaltungen. Zum einen vermeiden die, die es sich leisten könnten, nackt in Champagner zu baden und sich dabei mit Hummer zu bewerfen, seit den letzten großen Bankencrashs jede öffentliche Aufmerksamkeit. Vielmehr üben sie sich ostentativ in Bescheidenheit. Zum anderen wäre es in Zeiten von Handyvideo, Facebook und Youtube ökonomisches und soziales Harakiri, zu tun, was vor Jahren die – männliche – Belegschaft eines großen Versicherungskonzerns getan hat: sich zur Feier des Tages ein paar Prostituierte auf Firmenkosten einzuladen.

Eine Büroweihnachtsfeier bringt einem deshalb vielleicht nicht Frau Müller aus der Buchhaltung näher und vermutlich auch nicht den Abteilungsleiter. Aber wenigstens einer Windharfe, einem Hornhauthobel oder einem

Bierkrug. Denn statt sich ordentlich unter den Tisch zu trinken, wird heutzutage gewichtelt. Ein Brauch, der aus Skandinavien kommt, aber auch in anderen Ländern verbreitet ist. In Großbritannien heißt er *Secret Santa,* in Portugal *amigo secreto* oder *amigo oculto,* also »geheimer Freund«. In Spanien und Argentinien nennt man ihn *amigo invisible* (»unsichtbarer Freund«). Nicht nur in Firmen, auch in Ämtern, Vereinen, Schulen, Kitas, Cliquen und in der Verwandtschaft ist er längst fester Weihnachtsfeierprogrammpunkt. Im Prinzip kennt er drei Erscheinungsformen. Beim »Zufallswichteln« weiß man nicht, wen man beschenkt. Das wird kurz vorher – wenn das Geschenk schon beschafft ist – ausgelost, oder man wirft alles in einen großen Sack, und jeder darf einmal hineingreifen. Es gibt das »Mottowichteln«, das heißt, man bleibt in einem bestimmten Themenbereich wie »Grünes«, »Literarisches« oder »Haushalt«.

Beim »Schrottwichteln« schließlich, auch »Fieswichteln«, »Gammelwichteln«, »Grabbelsack«, »Greuelklapp«, »Hausgreul«, »Horrorwichteln« oder »Ramschwichteln« genannt, muss das Geschenk möglichst hässlich und maximal nutzlos sein. Natürlich ist die Gefahr groß, das in den Wichtelkreislauf eingespeiste Geschenk der Schwägerin – eine gerahmte Spaßpostkarte mit dem Text »Immer munter und vergnügt, bis der Arsch im Sarge liegt« – im nächsten Jahr wiederzubekommen. Oder im übernächsten. Weil es sich mit hässlichen Wichtelgeschenken wie mit Weltraumschrott verhält: Sie bleiben auf ewig in der Umlaufbahn. Manche verwechseln das »Schrottwichteln« auch mit dem »Zufallswichteln«, gehen mit einem durchaus trinkbaren Rotwein nach Hause und sind die Pralinenschachtel von Tante Hedwig los, die schon abgelaufen war, als sie vor zwei Jahren auf dem Gabentisch lag. Irgendeiner wird sie mal entsorgen müssen. Andererseits kann man auch versuchen, sie nächstes Jahr an denjenigen zu bringen, von dem man sie hat. Die Chancen stehen durchaus gut, wie die TU Braunschweig einmal in einer »Mathematik des Wichtelns« berechnete. Und dann hätte man auch gleich etwas, worauf man sich freuen kann. Denn darum geht es ja im Advent auch und vor allem: um die frohe Erwartung.

Seht, die gute Zeit ist nah

Advent ist ja so etwas wie die Heimatadresse der Vorfreude. Vor allem für Kinder ist es eine unfassbar lange, aber auch zauberhafte Zeit voller Herzklopfen, ein herrlicher Wartesaal der Tagträume. Wenn noch alles möglich scheint, sogar das im Grunde Unmögliche wie ein eigenes Pony auf dem Gabentisch oder das Computerspiel, für das man eigentlich fünf Jahre zu jung ist. Da kann man noch hoffen, und man weiß, was der Volksmund meint, wenn er behauptet, dass Vorfreude ja überhaupt die schönste Freude sei. Während das Ereignis selbst – Geschenk aufreißen, kurz staunen – dann relativ schnell vorbei ist, kann man sich die Vorstellung von dem Großartigen, das da sicher kommen wird, ewig in immer neuen leuchtenden Farben ausmalen. Außer, man findet, so wie ich als Kind, die Geschenke vorab mehr oder weniger zufällig ganz hinten im Schrank, oder unter dem Bett der Eltern oder im Keller, und packt sie so vorsichtig aus, dass man sie nachher wie unberührt wieder verstauen kann. Dann ahnt man, dass man sich gerade um das vielleicht Beste überhaupt am Fest gebracht hat: einerseits etwas noch nicht genau zu wissen, es aber andererseits schon ganz klar vor sich zu sehen.

Um dieser herrlich aufregenden Spannung Struktur zu geben, entwickelten sich schon früh zahllose Bräuche zum Abzählen der Tage bis Weihnachten. Manche Familien hängten bis zum Fest jeden Tag ein Bild an die Wand, in anderen wurde täglich ein neuer Strohhalm in die Krippe gelegt, sodass es das Jesuskind am 24. Dezember hübsch weich hatte. Bis der evangelisch-lutherische Theologe und Erzieher Johann Hinrich Wichern (1808–1881) mit dem Vorläufer des Adventskranzes ein Abzählerfolgsmodell erfand. Er hatte 1833 für die kranken, verwahrlosten, halb verhungerten Kinder der Hansestadt das Rauhe Haus zu Horn bei Hamburg gegründet. Dort gab er ihnen nicht nur Essen, ein Zuhause, Bildung, sondern ein Weihnachten, das sie kaum erwarten konnten. Um der ewigen Frage, wie lange es denn noch bis dahin dauert, eine festliche Antwort zu geben, stellte er zwanzig kleine rote und vier dicke Kerzen rundum auf ein Wagenrad. Im Rahmen der täglichen Andachten, bei denen auch viel gesungen wurde, durften die Kinder nun jeweils eine Kerze anzünden.

Das fand schnell Nachahmung in evangelischen Familien und Kirchen. Allerdings beschränkte man sich dort aus Platzgründen bald auf vier Kerzen, und statt eines Wagenrads kam Tannengrün zum Einsatz. 1925 wurde schließlich erstmalig in einer katholischen Kirche ein Adventskranz gesichtet. Seitdem hat er nicht nur an Strahlkraft und Formenvielfalt, sondern auch an Symbolik zugelegt. So soll die Kreisform für die Verheißung eines ewigen Lebens durch die Auferstehung stehen, das

Grün für die Hoffnung und das Leben an sich und die Kerzen für das kommende Licht des Festes. Oft sind drei Kerzen violett – die liturgische Farbe des Advents – und eine rosa, die Farbe der Vorfreude auf die Geburt Christi. Sie wird am dritten Adventssonntag – Gaudete (lateinisch für »Freuet euch«) – angezündet. Im katholischen Teil Irlands gibt es noch eine fünfte, weiße Kerze. Sie wird am Heiligen Abend in Betrieb genommen, als Symbol für Christi Geburt. Im Erzgebirge werden die Adventskränze ausschließlich mit roten Kerzen bestückt. Als Zeichen für die Liebe und das Licht, mit dem Christus zu den Menschen kam. Eine andere Lesart ist, dass das Rot an das Blut Christi erinnern soll und daran, dass er es für uns vergossen hat.

Für Menschen, die gern alles ganz richtig machen, gibt es außerdem eine festgelegte Adventskranzkerzen-Choreografie. Demnach soll man zuerst die Kerze anzünden, die nach Osten schaut, weil das Licht (Jesu) im Osten aufgeht. Dann kommt, dem Uhrzeigersinn folgend, die im Süden, dann die im Westen und zum Schluss die im Norden, damit, so die Pfarrei Mueswangen auf ihrer Website, »ihr Licht (Jesus) auch in die dunkelsten Tage und Nächte hineinleuchtet«. Als ganz falsch gilt das Anzünden gegenüberliegender Kerzen, also der ersten am ersten und der dritten am zweiten Advent. Ob man dafür bei der Bescherung mit einer Tortillapresse oder einem elektrischen Eierkocher bestraft wird, ist nicht überliefert. Dafür aber die Geschichte des Adventskalenders. Auch er verdankt seine Existenz dem Bemühen, Kindern die Wartezeit aufs Christkind zu verkürzen und die elterlichen Nerven zu schonen. So wie es Thomas Mann in *Buddenbrooks* vom Advent 1869 erzählt: »Unter solchen Umständen kam diesmal das Weihnachtsfest heran, und der kleine Johann verfolgte mit Hilfe des Adventskalenders, den Ida ihm angefertigt und auf dessen letztem Blatte ein Tannenbaum gezeichnet war, pochenden Herzens das Nahen der unvergleichlichen Zeit.«

Im Jahr 1902 brachte ein Hamburger Verlag erstmals eine gedruckte Weihnachtsuhr heraus, die in zwölf Felder mit Ziffern vom 13. bis zum 24. Dezember aufgeteilt war. Vor dem Hintergrund eines tief verschneiten Winterwalds standen in den Feldern Weihnachtsliederstrophen, die die Kinder ablesen konnten, um dann einen kleinen Zeiger aus Kupfer auf den nächsten Tag weiterzuschieben. Zwei Jahre später erschien als Beilage einer Stuttgarter Zeitung der Weihnachtskalender »Im Lande des Christkinds«. Dieser bestand aus zwei bedruckten Teilen. Einem Bogen mit 24 Bildern zum Ausschneiden sowie einem Karton mit 24 Feldern mit je einem Vers. Jeden Tag durften die Kinder ein Bild ausschneiden, einen Vers lesen und das Bild aufkleben. Eine Idee des schwäbischen Pfarrerssohns und späteren Verlegers Gerhard Lang aus Maulbronn. Er kannte Abzählrituale aus seiner eigenen Kindheit. Seine Mutter hatte für ihn 24 Kästchen auf einen Karton gezeichnet und vor jedes ein »Wibele« gebunden, ein schwäbisches Gebäck. Die Kalender von Reichhold & Lang waren lange konkurrenzlos und wurden immer weiterentwickelt. So gab es etwa eine Variante in Blindenschrift und ein Adventshäuschen, eine Art 3-D-Version.

Bis in die Dreißigerjahre hielt Lang sein Monopol. Bis sich der Massengeschmack für Kalender mit Schokoladenfüllung entschied, die Kindern im wahrsten Sinn des Wortes einen Vorgeschmack auf das Fest lieferten.

Nebenbei weckten sie auch eine Menge krimineller Energie. Mit ein wenig Geschicklichkeit ließ sich der Adventskalender ja entweder von hinten unauffällig so öffnen, dass man alle Schokolade auf einmal aufessen konnte und er von vorn noch wie neu aussah. Oder man manipulierte die Türchen so, dass sie wie unberührt wirkten, obwohl man sie alle schon spätestens am 3. Dezember geöffnet hatte. Mein Mann hat als Kind auf diese Weise nicht nur seinen eigenen vor der Zeit geleert, sondern auch den seiner beiden kleinen Brüder. Als Platzhalter steckte er ihnen Knoblauchzehen in die leeren Fächer. Und nein: Aus ihm ist trotzdem kein Serienkiller geworden. Jedenfalls, soweit ich das beurteilen kann.

Der Adventskalender portionierte nun die Vorfreude in viele kleine Vorweihnachtszeit-Appetithappen für Adventsnervenbündel. Einerseits. Andererseits brachte er neue Konflikte ins Kinderzimmer. Zumal, seit das olympische Prinzip »Größer, voller, teurer« in seine Füllmenge gehört. Mitte der Neunzigerjahre entdeckte die Spielzeugindustrie den Adventskalender als idealen Vertriebsweg. Als erster Hersteller kam 1996 Playmobil mit einem eigenen Spielzeugkalender auf den Markt. 2004 folgte LEGO. Danach ging es Schlag auf Schlag, und heute gibt es praktisch nichts, was nicht irgendwie auch als adventskalendertauglich eingestuft wird. Ein Kalender bloß mit Bildchen und sonst nichts gefüllt gilt schon fast als ein Prekariatsmitgliedsausweis. Für den anspruchsvollen Nachwuchs darf es ruhig etwas mehr sein.

Ebenso wie für die Eltern. Denn auch für Erwachsene gibt es mittlerweile zig Angebote: den Adventskalender mit Pflegeprodukten, mit 24 verschiedenen Gewürzen, Tee-, Bier- oder Kaffeesorten und einen mit Miniweinflaschen. Ein Erotik-Onlineversandhandel hat einen mit Anregungen fürs Schlafzimmer herausgebracht und ein Kartoffelchiphersteller einen mit 24 Möglichkeiten, die Kalorienbilanz ins Astronomische zu erhöhen. Nicht zu vergessen die »24-teilige Geschenkbox mit Ost-Spezialitäten« und die 24 Engelbotschaften, die wenigstens nicht dick machen. 83 Millionen Euro geben wir Deutschen laut *Handelsblatt* jedes Jahr für unsere 24 Türchen aus, Tendenz steigend.

Sehr beliebt sind aber auch selbst gemachte Kalender, die den skandinavischen Brauch aufgreifen, Geschenke in Jutesäckchen an einer Leine aufzuhängen. Schon weil da viel mehr reinpasst: ein Mix aus Süßigkeiten, Spielzeug, Gutscheinen. Großer Fehler: auf Elternblogs, Pinterest, Instagram-Accounts und in DIY-Portalen nach Inspiration dafür zu suchen. Denn dort locken Eltern mit Kunstwerken, die so perfekt unperfekt aussehen, dass man erstens denkt, »das kann doch nicht so schwer sein«, und zweitens, dass man nicht nur Tage damit verbringen muss, 24 »Kleinigkeiten« zusammenzutragen, sondern dass es das Mindeste ist, die Säckchen oder Päckchen selbst zu nähen, zu drucken, zu falten, zu beschriften. Damit man sieht, dass es mit Liebe gemacht wurde. Und um dann zu erleben, was eine Freundin schildert: »Ganze Nächte habe ich damit zugebracht, Leon einen hübschen Adventskalender zu basteln. Und nun wird das Päckchen gierig aufgerissen und der Inhalt nach einer Minute desinteressiert weggelegt. Die einzige Aufregung ist das Geschrei, weil das offensichtlich größte bis zum 24. Dezember warten soll.«

Der Überdruss durch Überfluss macht es auch der Bescherung am Heiligen Abend sehr schwer, bis ins kindliche Freudezentrum durchzudringen. Ich kenne Kinder, denen auf die Frage, was sie sich zum Fest wünschen, tatsächlich nichts einfällt, weil der Advent sie schon dermaßen mit Flummis, Spitzern, Barbiekleidern, Star-Wars-Mäppchen und Märchen-DVDs überhäuft hat, dass eigentlich eine eigene Lagerhalle zu Weihnachten eine sehr gute Idee wäre. Als Mutter sollte man außerdem bedenken, dass man – mit nur einem Kind und wenn man in dessen zweitem Lebensjahr damit anfängt und es bis zu seiner Volljährigkeit durchzieht – auf 408 Adventskalenderpäckchen kommt und also 408 Kleinigkeiten beschafft haben wird. Und ja, richtig gerechnet: Bei zwei Kindern sind wir dann schon bei 816 Päckchen. Neben den Geschenken zum Geburtstag, zu Weihnachten, Ostern und zum Abitur.

Klar, aufs Christkind warten ist ein beinharter Job – so ohne Reiseproviant in Form von Bescherungsvorschüssen. Aber Pädagogen sind sich einig, dass Kinder und auch Jugendliche durchaus in der Lage dazu sind. Und dass sie auch mit einem einfachen Schokoladenadventskalender prima über die Runden kommen. Es auszuhalten, nicht immer gleich alles und sofort zu bekommen, schult ja außerdem einen sehr, sehr wichtigen Muskel: die Frustrationstoleranz. Dem, der nicht mehr und auf gar nichts zu warten braucht, weil immer gleich alles geliefert, geschenkt und beschafft wird, kommt dagegen erst die Vorfreude und dann die Freude überhaupt abhanden. »Der Mensch hat das Warten verlernt, darin liegt das Grundübel unserer Zeit«, befand schon William Somerset Maugham, lange vor Amazon und Streaming-Diensten und ehe man mit nur einem Klick sich und seinen Kindern jeden Wunsch sofort erfüllen konnte. Damals,

als der Advent noch ganz andere Pläne mit uns hatte, als Ruhe und Besinnlichkeit noch zu seinen Schlüsselqualifikationen gehörten und nicht Hektik, Stress und Druck.

Maria durch ein Dornwald ging

Ursprünglich war der Advent als Rückzugsgebiet aus der beinharten Alltagsroutine, als innere Einkehr auf dem Sofa gedacht. Als die Menschen vor allem von der Landwirtschaft lebten und im Einklang mit der Natur etwas kürzertraten. Heute dreht man im Einklang mit der Konsumgesellschaft noch mehr auf und hetzt durch die vier Adventswochen, als wäre Weihnachten eine Olympiade mit Disziplinen wie Kampfshopping, Koch- und Backmarathon und Dekozehnkampf.

Manchmal fühlt es sich an, als wäre die Adventszeit eines dieser sozialpsychologischen Experimente, bei denen völlig mitleidslose Wissenschaftler herausfinden wollen, wann genau einem die Sicherung durchbrennt: Was? Es genügt nicht, dass auf der Post von zehn Schaltern nur zwei besetzt sind? Dann stellen wir doch einfach noch hundert Menschen in die Schlange, von denen die Hälfte ihre Paketkarte nicht richtig ausgefüllt hat, spielen dazu »Last Christmas« und lassen den Ehemann anrufen, der einem mitteilt, dass er keine Zeit habe, die Schwiegermutter vom Bahnhof abzuholen, und dass die sowieso noch einmal über das Festmenü sprechen wolle. Ente ginge nämlich gar nicht. Gut durchgehalten bis hierhin? Dann setzen die Wissenschaftler noch einen drauf und behaupten, dass all der Stress doch gar nicht nötig sei. Man atme bloß falsch oder habe einfach ein mieses Zeitmanagement. Deshalb solle man ganz viele Achtsamkeitsübungen auf seinen – ohnehin übervollen – Terminplan setzen und zum Beispiel lange Briefe an sein inneres Christkind schreiben, am besten auf selbst geschöpftem Papier.

Spätestens jetzt würde man am liebsten schreien. Aber selbst dafür hat man keine Zeit. Übertrieben? Eine Onlineumfrage kommt zu dem Ergebnis, dass sich 59 Prozent der Deutschen in der Weihnachtszeit gestresster fühlen als im Rest des Jahres. 69 Prozent der Befragten führen das unter anderem auf Putzen und Aufräumen zurück. Und fast die Hälfte (47 Prozent) empfindet die Erledigung von Einkäufen als stressig. Eine Umfrage in Großbritannien brachte ans Licht, dass vor allem Frauen unter Weihnachtsdruck stehen. Die Ursache dafür sind die 288 Stunden (!) Arbeit, die sie laut *Focus online* in die Vorbereitung des Festes investieren. Schon weil 99 Prozent aller Bräuche in der Adventszeit traditionell in ihr Ressort fallen. Ja, es muss einmal gesagt werden: Es sind die Frauen, die den Weihnachtsbetrieb jedes Jahr erst wieder in Schwung bringen und dann am Laufen halten.

Das gilt für Deutschland wie für praktisch jedes andere christliche Land auf dem Planeten. Etwa für Mexiko, wo die Frauen den halben Dezember in der Küche verbringen. Für die *Las Posadas,* ein Fest, das man dort zwischen dem 16. und 24. Dezember feiert und das die Suche von Maria und Josef nach einer Unterkunft nachempfindet. Jeder der neun Tage steht für einen Schwangerschaftsmonat von Maria. Der Brauch sieht vor, dass zwei als Maria und Josef verkleidete »Darsteller« zunächst zwei Mal abgewiesen werden, da die Herberge angeblich voll ist, bevor man sie – nebst Freunden und Nachbarn –

schließlich einlässt. Man feiert mit Musik, *ponche* (reinem Fruchtpunsch) für die Kinder, *ponche con piquete* (Fruchtpunsch mit Alkohol) für die Erwachsenen, *pozole* (einer Suppe aus Mais), *tamales* (Maisteig, gefüllt mit Hühner- oder Schweinefleisch und dann in Maisblätter eingerollt). Auf die Kinder wartet eine *piñata,* eine aus Pappe gefertigte und mit Krepppapier umwickelte Figur, die mit Nüssen, Früchten und Süßigkeiten gefüllt ist. Traditionell hat sie die Form eines Sterns mit sieben Spitzen. Sie sollen die sieben Todsünden symbolisieren. Mit verbundenen Augen und mit einem Stock ausgerüstet, darf nun ein Kind versuchen, die Figur zu zerschlagen, während die Zuschauer das »Lied der Piñata« singen, um die Schlagzeit zu begrenzen, damit die anderen Kinder auch drankommen. Wenn die Piñata zerbricht, dürfen sich alle Kinder auf den Inhalt stürzen und so viel einstecken, wie sie schaffen. Es muss eine Weile reichen, denn in Mexiko werden die Geschenke erst am 6. Januar nachts von den Heiligen Drei Königen gebracht. Und wer hat sie wohl besorgt?

Im Advent verdoppelt sich für Frauen nicht nur die Küchenkernarbeitszeit. Sie beschaffen die Geschenke, kümmern sich um die Weihnachtskarten, auch die an die Verwandtschaft des Ehemanns, um die Deko – nicht nur die von zu Hause, sondern auch die für die Weihnachtsfeier der Kita und vom Fußballverein –, basteln den Adventskalender, besuchen mit den Kindern wenigstens eine Weihnachtsmärchenaufführung und bestellen rechtzeitig den Wein, den Onkel Ludwig so gern mag. In allem stecken immer auch Liebe, Nähe, Freude, soziale Fellpflege, emotionale wie kalorische Versorgung und Zuwendung, all das, worum es im Advent ja auch gehen sollte. Zwar behauptet ein Drittel der Männer in einer Umfrage, sie könnten das genauso gut erledigen, aber erfahrungsgemäß kommen sie ja bei all dem Weltlenken und Verantwortung-für-die-Steuererklärung-und-die-Winterreifen-Tragen zu nix.

Schneeflöckchen, Weißröckchen

Längst nicht überall, wo Weihnachten gefeiert wird, gibt es Schnee. Aber wo Schnee liegt, da denkt man sofort an das Fest. Gleißende Zuckerwattelandschaften zählen zu den wichtigsten Ausstattungsmerkmalen der Weihnachtszeit. Perfekt ist ein Advent, wenn das Wetter die passende Kulisse liefert. Wenn Schnee sacht herabrieselt und nicht etwa das Feld kampflos dem Frühling überlässt, wie 2015, dem wärmsten Winter seit Beginn der Wetteraufzeichnungen. Statt Schneemänner zu bauen, konnte man etwa in Freiburg an Heiligabend bei 18,9 Grad im Shirt in der Sonne sitzen. Ein Aufschrei ging durchs Land, als gäbe es ein Menschenrecht auf eine Weihnachtsidylle in Winterweiß.

Tatsächlich aber ist eine weiße Weihnacht nicht nur für die Deutsche Bahn stets eine riesige Überraschung. Weihnachten liegt einfach ungünstig. Am 21. Dezember fängt der Winter ja überhaupt erst an, sich richtig kaltzulaufen. Erst dann hat die Sonne über der Nordhalbkugel ihren Tiefststand erreicht. Keine guten Aussichten fürs Fest. Außer, man lebt in den Alpen oder im Bayerischen Wald, wo die Schneewahrscheinlichkeit bei bis zu hundert Prozent liegt. Aber schon in München beträgt sie nur noch vierzig Prozent. In Berlin muss man sich zwar meist ziemlich warm anziehen – aber selten gibt es weiße Weihnacht. Da dümpeln die Aussichten bei zwanzig Prozent. Entlang der Küsten und am Rhein liegen sie sogar nur bei zehn Prozent. Ein nahezu flächendeckendes Weiß gab es zuletzt im Jahr 2010 – da schneite es, als hätte Frau Holle zu viel Kaffee gehabt – und davor im Jahr 1981. Als »überwiegend weiße Weihnacht« – heißt mit Schnee an mindestens einem der Feiertage – führt der Deutsche Wetterdienst lediglich die Jahre 1963, 1969, 1970 und 1986 in seiner Statistik. Das ist längst nicht genug, um daraus ein Gewohnheitsrecht abzuleiten.

Dennoch glauben achtzig Prozent der Deutschen, dass früher mehr Schnee war. Besonders an Weihnachten. Vielleicht, weil die schönsten Feste sowieso die vergangenen sind, wenn die Autokorrektur der Verdrängung am Werk war? Jedenfalls ist die Vorstellung von sanft rieselndem Schnee so tief verankert, dass man ihn – beziehungsweise seinen künstlichen Bruder – sogar dorthin trägt, wo er nie freiwillig fallen würde, zum Beispiel in die Antara Fashion Hall, eine Shoppingmall in Mexico City. Jeden Dezember wird sie in ein Winterwunderland verwandelt, inklusive allabendlicher Inszenierung eines Schneesturms. Und auch in Singapur pusten Schneekanonen Kunstflocken in die dreißig Grad warme Luft. Aber woher kommt diese Idee, dass das »richtige« Weihnachten dringend Winterweiß braucht? Man könnte Coca-Cola die Schuld geben. Der Getränkehersteller erhöht mit seinem Weihnachtstruck, der seit 1995 und mittlerweile auch in Deutschland, Österreich und der

Schweiz unterwegs ist, nicht nur die CO_2-Emissionen. In der Werbung kurvt er stets durch unberührte Winterlandschaften und steigert somit die Erwartung einer weißen Weihnacht.

Der Winter aber war schon immer da und nicht nur wegen des Schnees der Anfang von allem, was die Weihnachtszeit so besonders macht. Ohne seine Dunkelheit gäbe es keine Sehnsucht nach Lichterglanz und nach Gemeinschaft. Ohne seinen kargen Speiseplan kein Bedürfnis nach kalorischer Aufmunterung an langen Festtagstafeln mit üppigen Mahlzeiten. Weihnachten feiern, das hieß ja in unseren Klimazonen stets auch, dem Winter die Stirn zu bieten. Fast könnte man sagen, das Fest war vor allem als Überwindung all dessen gedacht, was den Winter ausmachte, ehe er »gemütlich« wurde. In den Zeiten vor Fußboden- und Sitzheizung galt er ja vor allem als die »schlechte Jahreszeit«. »Als Symbol von Alter oder Tod«, wie Bernd Brunner in seinem Buch *Als die Winter noch Winter waren* schreibt. Man fürchtete den Winter als unerbittlich ruppig und unberechenbar, weil er jene in tiefe Not brachte, die ohnehin nichts hatten, nicht vorsorgen und sich nicht vor ihm schützen konnten. So wie im brutalen »Hungerwinter« 1946/47, in dem allein in Deutschland mehrere Hunderttausend Menschen ums Leben kamen, und wie heute, wenn Tausende Flüchtlinge auf der Balkanroute bei Kälte und Eis festsitzen.

Entsprechend emotional frostig stellte man sich oft die Verantwortlichen vor. Winterfabel- und Wintermärchenwesen wie die Schneekönigin mit ihrem Herz aus Eis aus dem gleichnamigen Märchen von Hans Christian Andersen. Oder die Schneefrau Yuki Onna, eine feste

Größe im japanischen Volksglauben. Sie wird als zierliche, hochgewachsene Frau beschrieben, bekleidet mit einem weißen Kimono und so blass, dass sie fast transparent erscheint. Auf Schneeflocken schwebt sie auf die Erde herab und lockt verirrte Bergwanderer ins Schneegestöber, wo die Opfer dann jämmerlich erfrieren. In Russland ist der Winter Chefsache. Dort heißt die Wintergestalt »Väterchen Frost« *(Dyed Maroz)*. Er war ursprünglich so etwas wie der König Midas der kalten Jahreszeit. Alles, was er berührte, wurde zu Eis. Eine Märchenfigur mit exakt umrissenem Aufgabengebiet: maximal cool zu sein. Bis der Kommunismus ihn zum Zentralgestirn einer Art volksdemokratischer Weihnachten erkor. Die Russen hatten nach der Oktoberrevolution 1917 alle religiösen Feste verboten und übergaben ihm die Aufgabe, Geschenke zu verteilen. Zwar gibt es seit dem 7. Januar 1991 wieder offiziell ein Weihnachten, ein »Fest der Erscheinung des Herrn«, dennoch hält man an Dyed Maroz als Gabenbringer fest. Unterstützt wird er von seiner Enkelin Snegurotschka (»Schneeflocke«). Gemeinsam erfreuen sie nun die russischen Kinder, und zwar an Silvester. (Seine Postadresse: Väterchen Frosts Haus, 162390 Weliki Ustjug, Oblast Vologda, Russland. Das nur, falls Sie irgendwelche Wünsche haben, die sich nur von Fachpersonal erfüllen lassen.)

Ähnlich wie in Russland denkt man beim Nachbarn Finnland: dynastisch. Auch dort hält man den Winter offenbar für ein viel zu komplexes Thema, um ihn nur einer Person zu überlassen, und machte ihn gleich zu einer Familienangelegenheit. Im Vorstand: Jökull (»Gletscher«) und sein Sohn, der 300-jährige König Snaer (»Schnee«). In Produktion, Vertrieb und Marketing seine

Töchter Fönn (»dichter Schnee«), Drifa (»Schneegestöber«) und Mjöll (»feiner, glänzender Schnee«). Offenbar hat sich die Aufgabenteilung bewährt. Wann immer ich in den letzten Jahrzehnten um die Weihnachtszeit mit dem finnischen Teil meiner Familie in Jakobstad telefonierte, gab es dort die vorbildlich weiße Szenerie, die wir hier so oft vermissen. Allerdings bei Temperaturen, bei denen selbst ein Pinguin eine Wärmflasche auf seine Weihnachtswunschliste setzen würde, und mit Begleiterscheinungen, auf die man hier gern verzichtet. Zum finnischen Winter gehört eine monatelang währende Dunkelheit im Farbspektrum zwischen Tiefschwarz und Bleigrau, die im Norden des Landes sogar einen eigenen Namen hat: *kaamos.* Es fühlt sich an, als wäre man schon tot und würde auf ewig in einem milchigen Zwischenreich ohne Horizont, ohne Konturen herumgeistern. Die Finnen nutzen diese Zeit, sich skurrile Wettbewerbe wie Luftgitarrespielen oder Frauentragen auszudenken oder Tango zu tanzen. Irgendwo muss die ganze Melancholie ja hin, die so ein kompromissloser Winter zwangsläufig erzeugt.

Irgendwann glaubt man schon, dass die Mächte der Finsternis dieses Mal gesiegt haben, aber dann zeigt der Winter, was er sonst noch so draufhat außer Winterdepression und Vitamin-D-Mangel: Dann schimmert die Dunkelheit in allen Schattierungen von Violett bis Blau, lässt der Mond den Schnee und die Landschaft leuchten. Millionen winzig kleiner Eiskristalle reflektieren das Mondlicht wie in einem Spiegel, brechen es und streuen es in viele verschiedene Richtungen. Das vervielfacht die Strahlkraft so, dass ein Halbmond über einer Schneelandschaft mehr Licht spendet als ein Vollmond im Sommer.

Es ist so still, dass man seinen eigenen Atem hört. Schnee rieselt ja nicht nur leise, er dämpft jedes Geräusch, weil sich die Töne zwischen den kristallinen Wänden der Schneeflocken quasi stilllaufen. Je mehr Hohlräume, je dicker der Schnee, desto besser die Schalldämmung. Übrigens: Schnee erscheint durch die Reflexion zwischen den Eiskristallen und dem sie umgebenden Licht weiß. Und erst wenn Wassermoleküle aus der Wolke auf Verunreinigungen aus der Luft treffen, bilden sie flache Kristallgitter aus sechseckigen Waben, die auf ihrer Reise zur Erde in einer schier unerschöpflichen Formenvielfalt explodieren. Sogar Thomas Mann, sonst nicht gerade für leidenschaftliche Ausbrüche bekannt, begeisterte sich im *Zauberberg* für diesen Katalog voller »Kleinodien, Ordenssterne, Brillantagraffen, wie der getreuste Juwelier sie nicht reicher und minutiöser hätte herstellen können«.

Der »Großschriftsteller«, wie ihn Kurt Tucholsky nannte, ist dabei nur einer in einer sehr langen und sehr illustren Reihe von Flockenverehrern und -forschern. Darunter der Astronom und Mathematiker Johannes Kepler, der, fasziniert von der perfekten Symmetrie der hexagonalen Struktur, bereits im frühen 17. Jahrhundert die erste Schneeflockenstudie verfasste. Oder der Franzose René Descartes, der schematische Darstellungen der verschiedenen Kristallformen zeichnete, und schließlich der Engländer Robert Hooke, der mithilfe des Vergrößerungsglases die äußerst komplexe Struktur der Flocken entdeckte.

Den wohl bezauberndsten Beitrag zur Schneeflockengeschichte leistete der amerikanische Farmer Wilson Bentley aus Vermont. Als Teenager hatte er ein Mikroskop von seiner Mutter, einer Lehrerin, geschenkt bekommen und sich die Flocken einmal näher angeschaut. Was er sah, überwältigte ihn: spitze Nadeln, flache Plättchen, filigrane Kristalle mit sechs Armen, Dendriten und die Gebilde, die entstehen, wenn mehrere Eiskristalle zusammenfrieren. Bentley will den unendlichen Formenreichtum unbedingt festhalten. Um Mikroaufnahmen von Schneeflocken machen zu können, koppelt er das Mikroskop mit einem Fotoapparat und beschäftigt sich nun zeitlebens mit nichts anderem, als Schneeflocken zu fotografieren und zu katalogisieren. In seinem Heimatort hält man ihn zwar für einen Spinner, aber sein Blick auf den so atemberaubenden Mikrokosmos findet bald andernorts Aufmerksamkeit. Wilson Bentley schreibt poetische Abhandlungen über Schnee, die in Magazinen wie *Country Life, National Geographic* und dem *New York Times Magazine* veröffentlicht werden, und bekommt Anfragen von Juwelieren und der Textilindustrie, die die hübschen Schneeflockenmuster vermarkten wollen. In 46 Wintern schießt Bentley 5381 Bilder dieser Wunderwerke. Daraus entsteht das entzückende Schneeflockenbuch *Snow Crystals* mit über 2400 ausgewählten Fotos. Tragische Wendung dieser so zauberhaften Geschichte: 1931 erliegt der Schneeflockenfotograf einen Tag vor Weihnachten und nur wenige Wochen, nachdem sein Buch erschienen ist, einer Lungenentzündung, die er sich in einem Schneesturm zugezogen hatte. Bentley stirbt in der Überzeugung, nachgewiesen zu haben, dass keine Schneeflocke der anderen gleicht. Tatsächlich stimmt ihm die Schneeflockenforschung weitestgehend zu. Zwar scheinen sich manche Formen zu ähneln, letztlich unterscheiden sie sich aber doch auf molekularer Ebene. Auch deshalb nennt man sie »Individualisten«.

Nur logisch eigentlich, dass die Eskimos, die praktisch dauernd im Schnee leben, über hundert Bezeichnungen für die weiße Pracht haben sollen. Lange galt das jedenfalls als bemerkenswerter Nachweis für das poetische Potenzial der Weißröckchen. Leider handelt es sich dabei nur um ein Gerücht, wie die Schriftstellerin Kathrin Passing in ihrer Erzählung *Sie befinden sich hier* schreibt: »Eskimos haben, wie einfallslose Mitmenschen an dieser Stelle gern in die Konversation einwerfen, unzählige Wörter für Schnee. Ich habe keine Geduld mit den Nachbetern dieser banalen Behauptung. Die Eskimosprachen sind polysynthetisch, was bedeutet, dass selbst selten gebrauchte Wendungen wie ›Schnee, der auf ein rotes T-Shirt fällt‹ in einem einzigen Wort zusammengefasst werden. Es ist so ermüdend, das immer wieder erklären zu müssen.« Zählt man nur die Wortstämme zusammen und nicht jedes der Riesenwörter, in denen Schnee mit anderen Satzteilen verschmilzt, kommt man gerade mal auf zehn Begriffe. Allerdings kann man das Ergebnis deutlich erhöhen, wenn man all die verschiedenen Eskimosprachen und regionalen Dialekte mitzählt – die Eskimos leben ja in einem riesigen Verbreitungsgebiet, sprechen mal Aleutisch, mal Inuktitut, mal Ostgrönländisch oder Yupik.

Die Deutschen können beim Schneewortgestöber gut mithalten – mit Neu-, Alt-, Papp-, Locker-, Wild- und Tiefschnee, mit Reif, Sulz, Wechte, Bruchharsch, Faulschnee, Schwimmschnee, Firn … Dabei werden wir noch locker von den Schotten in die Tasche gesteckt. Die sollen insgesamt 421 Wörter für Schnee haben, wie Forscher der Universität Glasgow kürzlich vermeldeten. Aber sie haben offenbar nicht den schönsten Schnee. Das behaupten jedenfalls Flocken-Insider. Ihrer Meinung nach sind die Antarktis und Teile des Südpols ideale Schneebeobachtungsposten. Die Schneekristalle bilden dort »kleine, nahezu perfekte, achteckige Prismen«. Empfohlen wird außerdem die japanische Insel Hokkaido, ebenso North Dakota in den USA oder Manitoba, die östlichste der Prärieprovinzen Kanadas. Das Niederschlagsniveau sei dort ziemlich hoch, und die kalten Wintertemperaturen ließen besonders hübsch gebildete Kristalle den Boden erreichen, ohne zu schmelzen. Kein Wort von St. Moritz oder Sölden, oder wenigstens von Oberstdorf, dem angeblich besten deutschen Skigebiet, geschweige denn von Hamburg, Berlin, Frankfurt oder Wien.

Nicht mal München wird erwähnt. Dabei hat der deutsche »Herr Winter« hier erstmals Gestalt angenommen. Moritz von Schwind schuf sein Konterfei 1847 für die Wochenschrift *Fliegende Blätter,* zwei Jahre später erschien es im *Münchener Bilderbogen.* Es zeigt einen Mann mit langem Bart und Zipfelkapuze, schweren Stiefeln, Stechpalmzweigen an der Kapuze und einem kleinen Tannenbaum mit brennenden Kerzen im Arm, der übers Land zieht, Kälte, Schnee und das Fest im Gepäck. »Denn Weihnacht hat der Winter gebracht!«, heißt es in der Geschichte. Damit hatte sich die Jahreszeit erstmals mit dem Fest in einer einzigen Figur materialisiert. Ebenso wie die Hoffnung auf einen Neuanfang in Grün.

Auch dafür gebührt dem Winter die Urheberschaft: für die vielen Bräuche der Adventszeit, die sich um die Sehnsucht nach belebter Natur ranken. Einer der bekanntesten: der Barbaratag am 4. Dezember. Er geht wie so viele katholische Märtyrergeschichten auf eine blutrünstige Legende zurück. Demnach war Barbara im

3. Jahrhundert in Nikomedia, dem heutigen Izmir, zum christlichen Glauben übergetreten. Das erboste ihren Vater Dioscuros so sehr, dass er sie schwer misshandelte, bis ihre »Haut in Fetzen vom Körper hing«. Er versuchte, sie auf Arten zu Tode zu bringen, die selbst Stephen Kings Fantasie übersteigen würden (mit Keulen schlagen, die Brüste abschneiden und mit Fackeln foltern). Doch sie überlebte alles. Bis ihr Vater sie letztlich enthauptete. Auf dem Weg zwischen zwei Torturen soll Barbara mit ihrem Mantel an einem verdorrten Kirschbaumzweig hängen geblieben sein. Sie nahm ihn mit und benetzte ihn mit Wassertropfen. Daraufhin bekam er wieder Triebe und erblühte am Tag ihres Todes.

Das funktioniert noch heute – ganz ohne Geißelungen und Hinrichtungen. Und es muss nicht zwingend ein Kirschbaumzweig sein. Der treibt zwar die schönsten Blüten, aber auch Apfel, Hasel oder Holunder gehen. Man schneidet am Barbaratag einen Zweig ab und stellt ihn in eine Vase. Wechselt man bis Weihnachten regelmäßig das Wasser, wird man erleben, dass er ziemlich pünktlich zum Fest blüht. Früher lasen die Bauern an der Zahl der Blüten ab, wie ertragreich das kommende Jahr sein würde. Und Mädchen stellten so viele Zweige in die Vase, wie sie Verehrer hatten. Jeder bekam einen Namen, und der als erstes blühende Zweig zeigte den Heiratskandidaten an.

Neben Barbarazweig, Stechpalme und Tanne sind auch Weihnachtsstern, Efeu und Amaryllis so etwas wie die ständige Vertretung der Natur im Winter. Nicht zu vergessen der Mistelzweig. Längst ist das britische Weihnachtsritual »a kiss under the misteltoe« auch in Deutschland üblich. Und seit man damit nicht mehr ein bindendes Hochzeitsversprechen abgibt – wie es früher in Großbritannien Brauch war –, ist so ein Mistelzweig eine prima Gelegenheit, ein wenig Schwung in die Weihnachtsfeier zu bringen. Angeblich – so ein alter Volksglaube – vertreibt der Zweig aus der Familie der Sandelholzgewächse Gespenster, schützt vor Spuk, bösem Zauber und sicher auch vor Geschenken aus der Kategorie »Dinge, die die Welt nicht braucht«. Aber warum kleckern, wenn man klotzen kann? Warum nicht gleich dorthin gehen, wo es ganzjährig grünt und blüht? In ewiger Sonne den ganzen Winter schwänzen? In Regionen auswandern, die jenseits des Machtbereichs dieses kaltschnäuzigen Kerls liegen? Wo man mit einer einzigen Jahreszeit auskommt und keine vier braucht? Wo ein Wintermantel so nützlich ist wie eine Tiefkühltruhe in der Antarktis und man stattdessen in Bikinis und Strandlaken investiert?

Andererseits hört man durchaus auch Düsteres von jenen, die glaubten, man könne den Winter einfach so aus seinem Leben ausschließen. Stellvertretend für viele, die es versucht haben, bringt es Ruth-Maria Kubitschek in der letzten Folge der legendären Serie *Monaco Franze – der ewige Stenz* auf den Punkt. In ihrer Rolle als Annette von Söttingen war sie ohne ihren Mann auf die Bermudas ausgewandert und ist nun nach München zurückgekehrt. Ihre ehemalige Angestellte Olga fragt, wie es gewesen sei. Und »Spatzerl« antwortet: »Du stehst in der Früh auf, und schon wieder scheint die Sonne. Das ist so deprimierend, Olga, das kannst du dir gar nicht vorstellen. Jeden Tag Sonne!« Ein Leben ohne Winter ist möglich, aber sinnlos. Und nicht bloß, weil Glühwein, Gans mit Knödeln und Stollen einfach besser schmecken, wenn es kalt ist. Ohne den Wechsel der Jahreszeiten keine

Veränderungen, keine Neuanfänge und offenbar auch kein Glück. Denn trotz ihres langen Winters gelten die Dänen laut World Happiness Report als die zufriedensten Menschen weltweit. Ihr Rezept heißt *hygge.* So nennt man die dänische Lebenseinstellung. Übersetzt bedeutet das Wort soviel wie »Gemütlichkeit« oder »Geborgenheit« – nicht zufällig auch die tragenden Säulen von Weihnachten.

Am liebsten wäre es uns natürlich, wir könnten den Winter pünktlich zum Heiligen Abend einmal kurz schütteln und er würde dann gerade so viele Flocken auf unser Fest fallen lassen, wie es braucht, noch heil über die A3 zu den Eltern und in Weihnachtsstimmung zu kommen. Aber er ist nun mal keine Schneekugel, in der auf ewig alles an seinem Platz bleibt. Deshalb schlägt spätestens Anfang Dezember die Stunde der Wettervorhersager, macht die Frage, ob wir dieses Jahr weiße Weihnachten haben werden, Schlagzeilen, als gäbe es sonst nichts Wichtiges in der Welt. Alte Bauernregeln kommen zu neuen Ehren, entstanden in einer Zeit, in der die Frage »Schnee oder kein Schnee« noch über Sein oder Nichtsein entscheiden konnte, als man jeden Halt mitnahm, den man bekommen konnte: »Im Oktober der Nebel viel, bringt Winter der Flocken Spiel« oder »Wenn sich die Kält im Winter lindet, alsbald man Schnee empfindet«. Oder man schaffte sich ein Schneehuhn an, den Wetterfrosch der Lappen. Im *Buch des Lappen Johan Turi* aus dem Jahr 1912 heißt es: »Das Schneehuhn ist zauberkundig. Wenn das Schneehuhn in der Abenddämmerung gackert, dann kommt Schneetreiben, wenn das Schneehuhn gluckst, dann kommt nur Schnee, kein Wind.« Für die Planungssicherheit empfahl Johan Turi außerdem ein

Rentier im Vorgarten: »Wenn es anfängt, hierhin und dahin zu rennen und so viel zu laufen, wie es vermag, das ist ein Zeichen für hartes Schneetreiben.«

Viel wird es in Zukunft nicht rennen, das Rentier. Schweizer Forscher sind sich nämlich sicher, dass der Schnee gleich neben den Borneo-Orang-Utan auf die Liste der bedrohten Arten gehört. Bereits vor einigen Jahren hatten Wissenschaftler vorausgesagt, dass von den fünf Alpengletschern Bayerns in knapp dreißig Jahren nur noch einer übrig sein wird: der nördliche Höllentalferner auf der Zugspitze. Insgesamt drohen, so stand es in *Bild der Wissenschaft,* der Erde bis zum Jahr 2100 Eisverluste bis zu 75 Prozent und bis zu siebzig Prozent weniger Schnee. Gerade dort, wo das Weiß quasi Haupteinnahmequelle ist, wird deshalb tüchtig, nein, nicht für die Umwelt, sondern an Ersatzstoffen gearbeitet. Mittlerweile können Maschinen wie der Snowmaker selbst bei hochsommerlichen Temperaturen Schnee erzeugen. Einige schießen Schnee aus riesigen Kanonen auf die Pisten, andere ahmen die Struktur von Wolken nach. Die Zutaten für den Kunstschnee sind sehr, sehr viel Wasser und sehr, sehr viel Energie. Damit befeuert man nicht nur die Skipisten, sondern vor allem den Klimawandel. Am Ende könnte der schlimmste Winter der sein, der gar nicht mehr stattfindet. Und das wäre nicht bloß für das Rentier im Vorgarten ein Drama.

Nikolaus, komm in unser Haus

Die Nonnen in unserem katholischen Kindergarten nannten es »Nikolaustag für die ganze Familie«. Aber es wirkte eher wie die letzten Sekunden vor dem Untergang der Titanic. Dutzende Drei- bis Sechsjährige schrien in nackter Panik. Man hörte ihn kaum, den alten Mann mit dem Rauschebart, wie er ganz vorn aus einem großen, goldenen Buch die vermeintlichen Sünden von Sabine, Wolfgang, Thomas, Sven, Constanze, Peter und all den anderen vorlas. Wie er sagte, wir wären nicht brav gewesen, hätten Widerworte gegeben und dass der ein oder andere offenbar noch nicht »groß« sei, weil er es mal mitten im Spieleifer nicht rechtzeitig bis zur Toilette geschafft habe.

Was peinlich genug und als Strafe eigentlich mehr als ausreichend war. Man hätte es dabei belassen können. Aber nicht unter dem beinharten Regime von Schwester Notger, für die – damit tröste ich mich heute – damals ganz bestimmt eine eigene Abteilung im ewigen Fegefeuer eröffnet wurde. Eine, in der man einmal im Jahr vor allen Versammelten erzählt, wie die Schwester am 24. Mai in der Badewanne gepupst hat und am 13. September dachte, es sähe niemand, wenn sie ihren Popel isst. Das wäre das Mindeste an Sühne für das, was für uns Kindergartenkinder nach dem Pranger kam: Jeder, der in den Augen des großen Richters da vorn durchgefallen war, also praktisch alle, wurde nun von einem furchterregenden Knecht Ruprecht in einen großen, dunklen Sack gesteckt und unter Todesangst einmal durch den großen Saal geschleift. Danach gab es ein Geschenk, das ich vergessen habe. Weil ich, wie alle damals, gerade ein kleines Nikolaustrauma erlitten hatte. Meine ganze Kindheit lang kam niemals mehr auch nur ein einziger Mann in rotem Mantel, mit Mitra (Bischofsmütze) und Rauschebart in meine Nähe. Meine Eltern hatten verstanden, dass der Nikolaus und sein Begleiter besser in der Fantasie aufgehoben waren. Dort also, wo sie ohnehin zu Hause sind.

Sankt Niklaus ist ein guter Mann

Entgegen seiner späteren Verwendung als oberster Kadi im Kinderzimmer, in Begleitung sadistischer Höllengestalten als Exekutive, war der heilige Nikolaus einmal als real existenter Grundguter gedacht. Ein Nikolaus von Myra soll Ende des 3. Jahrhunderts in Byzanz, dem heutigen Istanbul, geboren worden und durch den Tod seiner Eltern schon früh zu Reichtum gekommen sein. Den wollte er, so schildert es die *Legenda aurea,* eine von dem Dominikaner Jacobus de Voragine vermutlich in den Jahren um 1264 in lateinischer Sprache verfasste Sammlung von Heiligenviten, »in Gottes Lob und nicht zu der Ehre der Menschen« anlegen. Gleich in der Nachbarschaft fand sich dafür eine exzellente Gelegenheit. Ein Mann, »edel von Geburt und arm an Gut, der hatte drei Töchter, die wollte er in seiner Not in die offene Sünde der Welt stoßen, dass er von dem Preis ihrer Schande leben möchte. Als das Sanct Nicolaus hörte, entsetzte er sich über die Sünde; und ging hin und band einen Klumpen Geldes in ein Tuch und warf ihn des Nachts heimlich dem Armen durch ein Fenster in sein Haus und ging heimlich wieder fort. Da es Morgen ward, fand der Mann das Gold, dankte Gott und richtete davon der ältesten Tochter Hochzeit aus. Nicht lange darnach tat Sanct Nicolaus dasselbige zum andern Mal.«

Wenig später wurde Nikolaus in Myra (heute Demre) zum Bischof geweiht, um fortan noch unendlich viel mehr Gutes zu tun. Eine lange Liste von Wohltaten wird ihm nachgesagt: neben der »Mitgiftspende« unter anderem die »Stillung des Seesturms«, die »Heimführung eines verschleppten Kindes« und die »Bestrafung und Begnadigung eines Betrügers«. Manches davon floss in die Kunst ein, so wie die »Auferweckung der getöteten Scholaren«: Ein Wirt hatte drei Schüler in seine Herberge gelockt, ermordet und eingepökelt, um das Ergebnis dann seinen Gästen vorzusetzen. Auch Sankt Nikolaus bekam so ein Stück Scholar, merkte aber sofort, was man ihm da servierte. Er sagt es dem Wirt auf den Kopf zu, lässt sich das Fass zeigen und erweckt die Scholaren zum Leben. Ob mit oder ohne die Stücke, die weniger Hellsichtige schon verzehrt hatten, ist nicht überliefert. Aber dass dem Wirt erstaunlicherweise großmütig verziehen wurde. Eine Version dieser Geschichte ist auf der Altartafel in der Kirche St. Mariae in Mühlhausen in

Thüringen dargestellt. Man sieht den heiligen Nikolaus, wie er mit der Rechten den blutigen Rumpf samt Kopf eines jungen Mannes aus einem Fass hebt und mit der Linken einen Arm daran hält, als wollte er mal eben schauen, ob der auch passt.

Wer diese Geschichte schon unappetitlich findet, überspringt am besten die nächsten Zeilen. Nach seinem Tod an einem 6. Dezember irgendwann zwischen 326 und 365 wurde der Bischof in einem Marmorsarg bestattet. Seitdem sollen die bischöflichen Gebeine eine vermeintlich heilende Flüssigkeit absondern. Zuerst in Myra und, seit italienische Kaufleute die Überreste des guten Mannes 1087 nach Italien entführten, in Bari. Jedes Jahr – stets am 9. Mai – wird hier das *santa manna* in der monumentalen Basilika S. Nicola vom Erzbischof persönlich aus dem Reliquienbehälter geschabt. Man verdünnt es mit Wasser, füllt das Ergebnis in Fläschchen und verkauft es als »gesund wider alles Siechtum« im Devotionalienladen der Basilika. (Offenbar hat man hier die Ansprache von Papst Franziskus zur traditionellen Christmette im Petersdom geschwänzt, in der er im Jahr 2015 die moderne Konsumgesellschaft anprangerte). Keine Sorge: Man nimmt nicht etwa Leichensäfte zu sich. Auf der Website der Basilika ist zu lesen, dass die Flüssigkeit im Jahr 1925 von der Universität in Bari chemisch analysiert wurde und sich als ziemlich reines Wasser herausgestellt hat. Es wird angenommen, dass das, was da aus dem Reliquienbehälter tropft, das Ergebnis einer natürlichen Kondensation ist, das in keinem Fall schadet und im besten Fall Berge versetzt – wie es eben nur der Glaube vermag.

Immerhin hat genau dieser Glaube dem heiligen Nikolaus von Myra ein ewiges Leben beschert. Obwohl man längst weiß, dass es ihn gar nicht gab. Neben anderen legt der Ethnologe Thomas Hauschild dafür in seinem Buch *Weihnachtsmann – die wahre Geschichte* eine lückenlose Indizienkette vor: Der heilige Nikolaus kommt demnach weder in den Zeugnissen der ersten großen Zusammenkunft christlicher Kleriker – dem Konzil von Nicäa im Jahr 325 – vor noch in den Schriften des Kirchenvaters Hieronymus (347–420), von dem es immerhin heißt, dass er am »meisten von allen Menschen gewusst hat«. Die katholische Kirche entfernte den heiligen Nikolaus deshalb bereits 1969 aus der Liste des liturgischen Bestands. Das bedeutet nicht, dass er frei erfunden ist. Man nimmt an, dass es sich bei ihm um eine Kompilation aus zwei historischen Personen handelt: eben jenem Bischof Nikolaus von Myra im kleinasiatischen Lykien und dem gleichnamigen Abt von Sion, Bischof von Pinor, der am 10. Dezember 564 starb.

Aus diesen beiden und der schönen Idee, dass der heilige Nikolaus stets heimlich und unerkannt seine Wohltaten verteilte, entwickelten sich der Geist und die Figur eines Gabenbringers, der in der Nacht zum 6. Dezember Geschenke verteilt. Zunächst nach der so ziemlich gleichen Methode, mit der der heilige Nikolaus in den Legenden den Grundstein zu seiner Karriere als Wohltäter gelegt hatte: Nur, dass er statt eines »Klumpen Geldes« für die Verheiratung der Jungfrauen nun für die Kinder süße Leckereien in die Stuben warf oder darin auslegte. Üblich war auch ein »Nikolausschiffchen«, ein von Kindern gebastelter Gabenteller. Als Erinnerung daran, dass der Heilige auch als Retter aus Seenot in Erscheinung getreten war. Oder man hängte Strümpfe auf, weil in einer Version der »Mitgiftspende« ganze

Klumpen von Gold durch den Kamin gerauscht und in den Strümpfen der drei Mädchen gelandet sein sollen, die diese dort zum Trocknen aufgehängt hatten.

Wie auch immer man Gaben für die Kinder brachte: Der 6. Dezember war der Heilige Abend des Mittelalters – der Hauptbescherungstag. Bis Martin Luther den Nikolausbrauch in einer zum Nikolaustag 1527 gehaltenen Predigt als »kyndisch ding« bezeichnete. Er empfand die Heiligenverehrung der katholischen Kirche als unerträglich und befand, dass allein der »Heilig Christ« zum Gabenbringer qualifiziert sei, das Schenken also an dessen Geburtstag stattzufinden habe. Aus dem ganz richtigen Gedanken heraus, dass man dem Volk auch etwas geben muss, wenn man ihm etwas wegnimmt, brachte Luther anstelle des Nikolaus den Gläubigen das Christkind, ein engelsgleiches Mädchen mit blonden Locken.

Nieder den Kopf und die Hosen herunter

Der Nikolaus war jetzt zwar seiner Rolle als großer Gabenbringer beraubt, fand aber bald eine neue Festanstellung im Weihnachtsgeschehen: als oberste moralische Instanz, als Prüfer kindlichen Wohlverhaltens, als »Weltgericht im Kleinen«. In seiner Begleitung nun wahre Horrorgestalten, ausgerüstet mit Rute und Sack, die den Warnungen des freundlichen alten Herrn mit dem weißen Bart, im nächsten Jahr deutlich folgsamer und fleißiger und nicht so vorlaut zu sein, Nachdruck verleihen sollten. Die austrainierten Einschüchterer verbreiteten mal als »Düvel« (Niederrhein), als »Belzebub« oder »Pelzebock« (Eifel und Mosel) oder »Böser Klaus«, als »Rumpelklas« (Allgäu), »Klaubauf« (Bayern), »Leutfresser« (Ostalpen), »Einspeiber« (im Süddeutschen), »Krampus« (von der Oberpfalz über Ungarn, Slowenien, Tschechien, Bayern und Österreich bis Südtirol) Angst und Schrecken. Am bekanntesten aber wurde wohl die Bezeichnung Knecht Ruprecht. Selbst ein Kardinal Meisner fürchtete sich als Kind seinetwegen vor dem Nikolausabend, wie er in einem Interview mit der *FAZ* gestand. Aber auch, »weil im Buch des Nikolaus alles drinstand, was ich im Lauf des Jahres angestellt hatte«.

Das goldene oder schwarze Buch stellte noch so ein Grauen dar: eine Art himmlische NSA, die ganzjährig praktisch lückenlos alle großen und kleinen Sünden notierte, um die komplette Liste dann dem Nikolaus zu übergeben. Heute verzichtet man zum Glück weitgehend auf diese Art von Kinderschreck. Ausnahmen wie die Mutter, die einen mir bekannten Miet-Nikolaus mit den Worten anfeuerte: »Machen Sie meinem Sohn nur ordentlich Angst«, bestätigen die Regel. Wobei dieser Nikolaus – mit Namen Bernd und von Beruf Sozialpädagoge – den Auftrag ablehnte.

Knecht Ruprecht und seine Kollegen sind praktisch ganz aus der Nikolaus-Besetzungsliste verschwunden, und wenn sie auftreten, dann nur noch als Folklore. Aber auch in dieser Rolle machen sie ganz schön Ärger. Fairerweise diesmal den Erwachsenen. Etwa in den Niederlanden, einem Epizentrum des Nikolauskults. Der *Sinterklaas*-Abend ist das größte Fest im Land, wichtiger als Weihnachten und der Dreikönigstag. Bereits Mitte November hält Sinterklaas offiziell Einzug. Angeblich aus Spanien kommend, zieht er dann mit seinem Gefolge durch die Straßen. Stets in Begleitung des *Zwarte Piet*. Bis zur Kolonialzeit soll sich dessen dunkle Hautfarbe dem Ruß verdankt haben, den er beim Rutsch durch den Kamin abbekommt, wenn er mit Sinterklaas am *pakjesavond,* am »Abend der Päckchen«, die Geschenke bringt. Danach bürgerte sich eine Art groteske Mohrenkarikatur mit aufgeworfenen roten Lippen und schuhcremeschwarzem Gesicht ein. Ganz in der üblen Tradition des *Blackfacing,* das in den USA bis Mitte des 20. Jahrhunderts in den sogenannten *Minstrel Shows* praktiziert wurde: Weiße malten sich schwarz an, um dann Schwarze lächerlich zu machen. Der Zwarte Piet wurde zudem nicht gerade als das hellste Licht im Kronleuchter dargestellt: servil, etwas dümmlich, mit übersichtlichem Wortschatz.

2014 kam es deshalb zur offenen Auseinandersetzung zwischen jenen, die die Figur als rassistisch aus dem Verkehr ziehen wollten, und den Traditionalisten, die argumentierten, was so lange als harmlos galt, könne jetzt nicht politisch zweifelhaft sein. »Es ist eine Maske, die nichts mit Hautfarbe zu tun hat«, erklärte laut *Spiegel* der Vorsitzende der Pietengilde, der Zunft der schwarzen Nikolaushelfer. Es gehe vielmehr um die Kontraste zwischen Sommer und Winter, Tag und Nacht. »Deshalb ist der Bischof hell und hat dunkle Helfer.« Das Amsterdamer Verwaltungsgericht sah das anders und bestätigte den Rassismusvorwurf. Ein Urteil, das in nächster Instanz aufgehoben wurde. Seitdem gärt es ausgerechnet am Nikolaustag weiter in den Niederlanden. Befürworter wie Gegner bildeten Bürgergruppen, und mancher nutzt das Thema für seine politischen Zwecke, so wie der Rechtspopulist Geert Wilders. Nachdem die UNO die Niederlande wegen der »negativen Stereotype von Menschen afrikanischer Abstammung« ermahnt hatte, forderte

Wilders medienwirksam, dass doch eher die UNO abzuschaffen sei als der Zwarte Piet. Auch wenn sich die überwiegende Mehrheit der Niederländer in Umfragen regelmäßig dafür ausspricht, dass alles so bleibt, wie es war, ist das Problembewusstsein offenbar gewachsen. Heute ist der Zwarte Piet schon mal eher schmutzig grau oder käsegelb, andere sehen aus wie aus Schlumpfhausen, und es gab auch schon einen Sirupwaffel-Piet mit braun kariertem Gesicht. Bunt ist nun offenbar das neue Schwarz.

Morgen kommt der Weihnachtsmann

Immerhin ist dem Konzept »Zuckerbrot und Peitsche« der historisch überlieferte Sadismus abhandengekommen. Heute lernen Nikolausdarsteller in der Nikolausschule der katholischen Kirche, wie man den Nikolaustag auch ohne Terror, dafür in »kreativer und entspannter Atmosphäre« zu einem »unvergesslichen Erlebnis« macht. Die Ausbildung zum »Freund der Kinder« umfasst die Geschichte der Legende, aber auch eine Schulung in würdigem Auftreten als »Identifikationsfigur für solidarisches Handeln« und in perfekter Tarnung mit Rauschebart, Chormantel, Bischofsstab, Mitra und Handschuhen. Mit Abschluss »Nikolaus-Zertifikat«. Einmal im Jahr gibt es ein Bischofstreffen der besonderen Art. Dann versammeln sich interessierte Nikolausdarsteller zum Erfahrungsaustausch in Köln.

Die Kirche möchte damit auch wieder eine deutlichere Trennschärfe zwischen dem Weihnachtsmann und dem heiligen Nikolaus herstellen. Fürchtet sie doch die

Ausweitung der Coca-Cola-Werbefigur auf ihr Hoheitsgebiet. Schon weil selbst die, die es eigentlich besser wissen sollten, den kleinen großen Unterschied kaum mehr kennen. So wie Markus Söder von der CSU – der *Christlich*-Sozialen Union. »Heute zur Kabinettssitzung gibt es sogar einen Nikolaus … Das wird sicher eine gute Stimmung«, schrieb er in der Adventszeit 2016 auf seiner Facebook-Seite unter das Bild eines Schokomännchens mit roter Kapuze und Glöckchen, das weder Bischofsmütze noch -stab trug. Dabei hatte seine Partei kurz zuvor noch ein ganz klares Statement verbreitet: »Nikolaus statt Santa Claus!«, und den Hinweis, Bayern freue sich auf den echten Nikolaus, nicht auf den Zipfelmützen-Weihnachtsmann. Die Häme, die sich über den bayerischen Heimatminister ergoss, hätte er sich ersparen können: Die Aktion »Achtung, weihnachtsmannfreie Zone«, 2002 auch als Zeichen »wider den Konsumtrend« vom Bonifatiuswerk der deutschen Katholiken e. V. ins Leben gerufen, hat einen Bastelbogen mit Mantel, Bischofsstab und Mitra im Angebot, mit dessen Hilfe man einen gewöhnlichen Schokoweihnachtsmann zum heiligen Nikolaus und »Vermittler von christlichen Werten« »umziehen« kann. Das Ergebnis sieht zwar aus, als hätte sich Batman im Kostüm vergriffen, aber es schärft den Blick für den kleinen Unterschied zwischen Nikolaus und Weihnachtsmann.

Ein Anliegen, das man in der Schweiz mindestens so zielstrebig verfolgt wie in Deutschland. Dort sprach die *NZZ* schon von einem »Clash of Clauses« und witterte den Untergang des christlichen Abendlandes, als der Lebensmittelgigant Migros in einem Werbespot ein Mädchen dem »Wienachtsmaa« die Tür öffnen ließ. Ein wenig nationalistisch wurde es auch, als einige Hardliner im Weihnachtsmann nur einen weiteren der bei manchen Schweizern so ungeliebten deutschen Zuwanderer sehen wollten. Dass sich jeweils am 5. Dezember Zehntausende in Küssnacht am Rigi zum »Klausjagen« zusammenfinden, ist jedoch nicht als Rachefeldzug gedacht. Es handelt sich vielmehr um einen der berühmtesten Bräuche des Landes mit internationaler Strahlkraft.

Angefangen hatte das Klausjagen als reine Pöbelveranstaltung zum Testosteronüberschussabbau in den Zeiten vor Fußball. Vermutlich schon im Mittelalter zogen vor allem Jugendliche lärmend durch den Ort, bedrängten die Bewohner um Ess- und Trinkbares und trieben es so bunt, dass die Behörden immer wieder auch mit verschärften Geldbußen einschreiten mussten. 1928 wurde das Klausjagen dann mit einer eigens gegründeten Gesellschaft zum Erhalt und zur Pflege des Brauches in geordnete Bahnen gelenkt und etwa vorgeschrieben, welche Krachmacher genau verwendet werden durften: Treicheln (Glocken), Geißeln (Peitschen), Hörner. Neben dem ohrenbetäubenden Lärm (nicht vergessen, für die Kleinkinder Ohrstöpsel mitzubringen!) gehören heute auch die Iffele, die bis zu zweieinhalb Meter großen und bis zwanzig Kilo schweren Bischofsmützen, die von innen mit Kerzen beleuchtet sind, zum festen Ensemble des Umzugs. Pünktlich zum Start um 20.15 Uhr werden alle Lichter der Stadt gelöscht und bloß die XXL-Bischofsmützen, so opulent gestaltet wie Kirchenfenster, erleuchten die Szenerie.

Anders als zu den Anfängen des Umzugs wird nicht genommen, sondern gegeben: Man verteilt Süßigkeiten an die Zuschauer. Schließlich steht der Samichlaus – der

Schweizer Nikolaus – im Zentrum des ganzen Getöses. An seiner Seite der Schmutzli, der eidgenössische Knecht Ruprecht. Noch hat das Weihnachtskind Pause. So nennt man in Basel, in Teilen des Aargaus und im Kanton Bern das Christkind, das dort traditionell die Geschenke bringt. Oder eher brachte. Denn während Österreich noch eisern am Christkind festhält, macht sich in der Schweiz wie in Deutschland der Weihnachtsmann als Hauptgabenbringer so rasant und flächendeckend breit wie ein Spreizdübel.

»Es ist kompliziert« – so könnte man den Beziehungsstatus zwischen den weihnachtlichen Gabenbringern und uns beschreiben. Eine Ménage-à-trois der Freudenspender, die wahrlich nicht immer ganz leicht zu durchschauen ist. Oder wie es ein Kind, gefragt nach der Arbeitsplatzbeschreibung des weihnachtlichen Personals, in einer Fernsehsendung ausdrückte: »Das Christkind macht die Geschenke, der Weihnachtsmann gibt sie dem Nikolaus, und der bringt sie den Kindern, während die beiden anderen Pause machen.« Ganz schön verwirrend. Dabei haben wir noch nicht mal die Rentiere ins Spiel gebracht, die ja auch zum ewigen Weihnachtsensemble zählen. Aber es könnte schlimmer sein.

So wie in Island, wo gleich dreizehn Weihnachtsmänner unterwegs sind. An jedem der dreizehn Tage vor Weihnachten ein anderer. Der Vorteil: Die Kinder dort können ab dem 12. Dezember jeden Abend einen Schuh vor die Tür stellen. Der Nachteil: Nicht an jedem Morgen ist etwas Vernünftiges drin, man findet auch schon mal bloß eine Kartoffel. Die Geschenkelage lässt sich allerdings deutlich verbessern, wenn man den Weihnachtsmännern, die eigentlich Trolle sind, etwas Nahrung hinstellt. Welche Vorlieben man dabei bedient, ergibt sich teilweise schon aus deren Namen wie Pottasleikir (»Topflecker«) oder Bjúgnakrækir (»Rauchwursträuber«). Es sind die dreizehn Söhne der Trollfrau Gryla, die eine legendär schlechte Köchin sein soll, weshalb die ewig hungrigen Brüder kalorisch durchaus bestechlich sind. Leider oft auch ziemlich übellaunig. Mit den grundsympathischen Gabenbringern und ihren vollendeten Umgangsformen, wie wir sie hier kennen, haben die *Jólasveinar* jedenfalls wenig gemein. Sie rülpsen, sie stehlen, sie knallen die Türen.

Wie viel freundlicher sind da Nikolaus, Weihnachtsmann und Christkind. Obwohl es Martin Luther war, der es dem Volk als Ersatz für den Nikolaus als Gabenbringer schmackhaft gemacht hat, ist das Christkind eher in den katholischen Regionen zu Hause, während der Weihnachtsmann als Protestant gilt. Dabei ist er streng genommen konfessionslos – es sei denn, man hält den Kapitalismus für eine Religion. Und er verdankt seine Existenz ausgerechnet dem heiligen Nikolaus, der so oft mit ihm verwechselt wird. Allerdings musste der erst in die USA auswandern, um nach einem gründlichen Make-over als Weihnachtsmann, wie wir ihn heute kennen, zurückzukehren.

Santa Claus is coming to town

Niederländische Einwanderer hatten den Sinterklaas nach Neu-Amsterdam, dem heutigen New York, gebracht, wo er mit »Santa Claus« übersetzt wurde. Sein finales Outfit wurde ihm zwar 1931 von Coca-Cola verpasst, aber der Hersteller der braunen Brause hat ihn nicht erfunden. Bevor der freundliche Dicke mit rosigen Wangen und dichtem Rauschebart und gehüllt in einen – selbstverständlich – rot-weißen Mantel zur weltweiten Ikone stilisiert wurde, hatte es bereits einige Kostümproben und Castings gegeben.

Die Teilnehmer waren mal hager wie der britische *Sir Christmas* oder *Lord Christmas,* wie die Engländer bereits im 16. Jahrhundert den Geist des Festes nannten, der allerdings noch keine Geschenke brachte. Mal trugen die Kandidaten einen tiefen Hut mit breiter Krempe und Kniehosen wie in Washington Irvings Buch *A History of New York* aus dem Jahr 1809. Oder sie erschienen als ein hübscher Elf, erstmals auch mit einem Schlitten und den acht Rentieren Dasher, Dancer, Prancer, Vixen, Comet, Cupid, Donner und Blitzen. So in dem Gedicht »The Night Before Christmas« von Clement Clarke Moore aus dem Jahr 1822. Es gab auch schon erste Fassungen eines gemütlichen, älteren Herren mit Rauschebart, zu bewundern in einer Karikatur des Magazins *Harper's Weekly* Ende des 19. Jahrhunderts und auf einer Weihnachtskarte, die der Bostoner Drucker Louis Prang entworfen hatte. 1915 brachte die Brauerei White Rock Beverages einen Santa Claus in ihrer Werbung für Ginger Ale, der wie ein eineiiger Zwilling des späteren Coca-Cola-Weihnachtsmanns aussah: stupsnasig, rotwangig, wohlgenährt, mit rotem Mantel, weißem Pelz und dunkler Gürtelschnalle. Doch die Zeit war wohl noch nicht reif für eine internationale Karriere. Erst als der Werbezeichner Haddon Sundblom für eine Coca-Cola-Anzeige 1931 einem rotweiß gekleideten, weißbärtigen Moppel mit Bluthochdruckröte auf den Wangen die Brauseflasche in die Hand drückte, war er erschaffen: der eine Weihnachtsmann für alle.

Warum dieser Prototyp aussehen musste, als wäre er kurz vor einem Diabetes? Zumal er ja auch durch Kamine rutschen sollte? Mit einer Figur, mit der man höchstens gefahrlos durch das Tor eines Flugzeughangars kommt? Und weshalb wurde er niemals schlanker, obwohl er doch den härtesten Job der Welt hat: *alle* Kinder zu bescheren? Überall mal vorbeizuschauen? In nur einer Nacht? Vielleicht, weil er nicht – wie etwa der Nikolaus – überallhin zu Fuß geht, sondern sich von seinen Rentieren ziehen lässt. Möglicherweise wurde er ja auch nur so dick gemacht, weil das runde Gesicht, die weichen Züge ganz dem Kindchenschema entsprechen, einem tief in uns verankerten Schlüsselreiz, der einem sofort das Herz wärmt. Sicher auch, weil man einem beleibten Mann eher all das Frohe vom Fest abkauft als einem verkniffenen Asketen mit dem Fettanteil einer Magerquarkpackung. Und wie gut gelaunt kann schon einer sein, der dauernd Hunger hat?

Außerdem wurde Santa Claus in einer Zeit erfunden, in der ein paar Extrapfunde noch nicht als Ausdruck von Charakterschwäche, sondern von freundlicher Gemütlichkeit, von Liebens- und Vertrauenswürdigkeit galten. Das hat sich in den letzten Jahren rasant verändert. Schon gab es Bestrebungen, den Weihnachtsmann auf Diät zu setzen. Mit dem Argument, dass ein beleibter Mann unmöglich ein Vorbild für die Kinder sein könne, hat vor einigen Jahren ein britisches Shoppingcenter Männer in das Kostüm gesteckt, die man eher bei einem Triathlon als bei einer Bescherung vermutet hätte. Zum Glück hagelte es harsche Kritiken. So fragte eine Ruth D. im Internet:

»Was passiert als Nächstes? Werden sie den Osterhasen kastrieren?« Ähnlich erfolglos verlaufen auch in den USA immer wieder Versuche, dem Gabenbringer eine Figur zu verordnen, mit der er auch in Lagerfeld-Jeans passt. Dabei ist er eigentlich schon ein Ausbund an Selbstbeherrschung und müsste gemessen an dem, was man ihm alle Jahre serviert, sogar noch viel dicker sein. Immerhin – das wurde einmal berechnet – stellen ihm die Millionen von Kindern Jahr für Jahr Plätzchen und Milch im Gegenwert von 38 Milliarden Kalorien hin, damit er bei Kräften bleibt. Natürlich liegt bisweilen auch einmal eine vernünftige Karotte neben den Süßigkeiten. Die ist jedoch für die Rentiere gedacht. Und Santa Claus wäre sicher der Letzte, der seinen treuen Begleitern das Essen wegnimmt.

Vielleicht würde Santa die Gaben gern teilen. Aber eine Frau ist ihm nicht gegeben. Bloß in Erzählungen und in Filmen stellte man ihm bisweilen eine Mrs. Claus zur Seite. Im wahren Santa-Leben verhielt es sich stets wie auf der Ponderosa Ranch in *Bonanza:* Keine blieb dauerhaft. Dabei hätte Santa durchaus einiges zu bieten: Er erfüllt Wünsche, kann über sich selbst lachen (ho, ho, ho …), ist kinderlieb, pünktlich, fleißig, regelmäßig außer Haus, ohne andere Frauen zu treffen, und wird sicher lange genug leben, um noch die Zubereitung einer warmen Mahlzeit zu lernen und wie man eine Geschirrspülmaschine ausräumt.

Okay, am Wohnsitz könnte man arbeiten. Der liegt weit jenseits der Shopping- und Kulturmetropolen am Nordpol. Seine Postadresse liegt allerdings weiter südlich: Seit den 1950er-Jahren schreiben ihm Kinder an »Santa Claus House – 101 St. Nicholas Drive – North Pole, Alaska 99705«. Und er schreibt zurück. Ab 9,95 Dollar kann man auf der Website santaclaushouse.com einen Brief vom Weihnachtsmann ordern. Je nach Wunsch für Erwachsene, Kinder, Säuglinge, für Paare, die gerade ihr erstes gemeinsames Weihnachten erleben, sogar für die Katze und den Hund und selbst für die, »die nicht an Weihnachten glauben«. An Letztere wendet sich Santa mit ziemlich überzeugenden Argumenten: »Viele Leute würden sagen, dass ich nicht existiere, aber sie verstehen die Magie des Festes nicht und dass ein Teil davon in der Fähigkeit besteht, an etwas zu glauben, das unwirklich oder unmöglich erscheint. Wenn Du größer wirst, wirst Du erfahren, dass der wahre Geist der Weihnacht nicht von mir, sondern von Dir verbreitet wird, von Deiner Großzügigkeit, Freundlichkeit und Liebe.«

An den amerikanischen Weihnachtsmann würden aber zumindest die Finnen schon mal nicht glauben. Schon weil der Weihnachtsmann unmöglich am Nordpol leben kann. Es gibt dort nämlich keine Rentiere. Das enthüllte im Jahr 1927 der finnische Kultmoderator Markus Rautio in seiner populären Kindersendung *Onkel Markus* und kam zu dem einzig vernünftigen Schluss: Der Weihnachtsmann muss seine feste Adresse in Lappland haben. Genauer gesagt im Berg Korvatunturi – dem Ohrenberg. Er liegt direkt an Finnlands Grenze zu Russland und ist wie ein riesiges Ohr geformt. Damit soll der Weihnachtsmann hören können, ob die Kinder brav waren, während er mit den *Tonttu,* seinen Wichteln, hart daran arbeitet, dass zum Fest keine Wünsche offenbleiben.

Für Besucher war er dort allerdings nur schlecht zu erreichen, also hat man ihm für das Meet-and-Greet mit seinen Fans in Napapiiri am Polarkreis, wenige Kilometer nordöstlich von Rovaniemi, ein ganzes Weihnachtsdorf eingerichtet. Inklusive Postamt. Adresse: An den Weihnachtsmann, Joulupukin Pääposti, FL-96930 Napapiiri. Bis zu 32 000 Briefe aus der ganzen Welt treffen hier täglich ein. Manche stammen sogar aus Jamaika, Togo oder Äthiopien. Wer seine Wünsche lieber selbst überbringt, kann auch einfach den Stadtbus Nummer 8 nehmen, der stündlich von Rovaniemi ins Weihnachtsdorf fährt, und dabei leuchtenden Rentieren begegnen. Nein, die Finnen speisen nicht etwa Drogen ins Trinkwasser ein. Weil es in Lappland jährlich rund 3000 bis 5000 Verkehrsunfälle mit Rentieren gab, die vor allem für die Vierbeiner tödlich endeten, werden deren Geweihe nun versuchsweise mit wasserfester Leuchtfarbe eingesprüht, die das Licht von Scheinwerfern reflektiert.

In Deutschland hat der Weihnachtsmann nicht nur eine, sondern gleich sieben Adressen. Die Deutsche Post richtet sie alljährlich ein. Die größte der Weihnachtspostfilialen liegt in Himmelpfort in Brandenburg und wird Mitte November vom Weihnachtsmann persönlich eröffnet, der dafür jeweils auf einem anderen Vehikel anreist. Zuletzt ganz zeitgemäß auf einem E-Bike mit Anhänger. Gemeinsam mit zwanzig Helfern beantwortet er dort alle Briefe, die bis spätestens etwa zehn Tage vor Heiligabend eingehen. Er spricht neben Deutsch noch fünfzehn andere Sprachen. Das ist praktisch, bei bis zu 300 000 Zuschriften aus zuletzt 62 Ländern. Nicht alle Wunschzettel, die ihn erreichen, drehen sich um Longboards oder Playstations. Manche Kinder wünschen sich auch einen neuen Job für Papa oder dass Mama wieder gesund wird. Und ein Junge aus Köln hoffte auf einen fliegenden Teppich, den er dem Weihnachtsmann leihen würde, wenn dessen Schlitten eine Panne hätte.

Der kann jede Hilfe dringend brauchen. Selbst wenn man berücksichtigt, dass er wegen der Zeitzonen, die er durchfliegt, einen 31-Stunden-Weihnachtsarbeitstag zur Verfügung hat. Wenn man die Moslems, Juden, Buddhisten und auch diejenigen abzieht, die lieber am Strand unter Palmen sitzen und behaupten, sie brauchen sonst nix zum Fest, und wenn man außerdem annimmt, dass der »Welt-Drehgeschwindigkeits-Regulator« funktioniert, den man in Napapiiri besichtigen kann und der angeblich die Zeit verlangsamt, bleibt immer noch genug Unglaubliches. Was genau, das hat Rod Morgan vom US State Department errechnet: Sollte jedes Kind nur ein mittelgroßes LEGO-Set bekommen und nicht noch ein Puppenhaus, ein Fahrrad, einen Schlitten, ein Smartphone, Fußballschuhe, eine Spielkonsole, wäre der Schlitten des Weihnachtsmanns mit 378 000 Tonnen beladen. Netto, also ohne den Weihnachtsmann. Um einen solchen Schlitten zu bewegen, bräuchte es aber 216 000 Rentiere. Das erhöhte das Gewicht – den Schlitten selbst noch nicht einmal eingerechnet – auf 410 400 Tonnen. Um alle Christenkinder weltweit in 31 Stunden zu beliefern, müsste der Schlitten mit 1040 Kilometern in der Sekunde fliegen. Der Luftwiderstand, der dabei erzeugt würde, würde die Rentiere aufheizen »wie ein Raumschiff, das in die Erdatmosphäre eintritt«. Das vorderste Paar Rentiere muss dadurch 16,6 Trillionen Joule Energie absorbieren. Pro Sekunde. Jedes. Anders ausgedrückt: Rudolf würde praktisch augenblicklich in Flammen aufgehen, und innerhalb von fünf Tausendstel Sekunden wären auch alle anderen Rentiere vaporisiert. Der Weihnachtsmann würde währenddessen einer Beschleunigung von der Größe der 17 500-fachen Erdbeschleunigung ausgesetzt und so mit einer Kraft von 20,6 Millionen Newton an das Ende seines Schlittens genagelt. Kurz: Ginge es nach den Naturwissenschaften, hätte er höchstens einmal und längst nicht allen Kindern Geschenke gebracht.

Wenn es nur den einen Weihnachtsmann gäbe. Aber offenbar handelt es sich bei Santa um einen schnell nachwachsenden Rohstoff. Man braucht nur Google zu fragen, und schon erhält man für »Weihnachtsmann« 8 490 000 Nennungen und für »Santa Claus« gar 64 700 000. Man muss ja außerdem nur zur Weihnachtszeit einmal durch die New Yorker Kaufhäuser ziehen, da begegnet man an einem einzigen Nachmittag gleich Dutzenden Santas im Dienste des vorweihnachtlichen Konsumrauschs. Das wirkt ein bisschen beliebig und als benötige man als Weihnachtsmann kaum mehr Qualifikationen als ein Handyverkäufer. Aber der Eindruck täuscht. Weihnachtsmann zu sein ist mehr als ein Job. Es handelt sich schließlich um nicht mehr und nicht weniger als eine Schlüsselposition der kindlichen Fantasien, Hoffnungen, Träume. Bloß mit Übergewicht, einem Kostüm, einem Schlitten und einem weißen Bart lässt sich diese verantwortungsvolle Aufgabe nicht bestreiten. Man braucht Fingerspitzengefühl, Geduld, mehr Entertainerqualitäten als Frank Sinatra und muss ungefähr so nervenstark sein wie Angela Merkel.

Das fällt nicht einfach so vom Himmel. Seit es den Santa gibt, gibt es deshalb auch Santa-Schulen. Die älteste ist die Charles W. Howard Santa Claus School in Michigan, die 1937 von einem Schauspieler und leidenschaftlichen Santa-Darsteller gegründet wurde. Siebzehn Jahre lang, von 1948 bis 1965, war Howard *der* Santa Claus der USA, auch weil er stets die legendäre Macy's Thanksgiving Day Parade begleitete. Zunächst unterrichtete er die angehenden Santas in seiner eigenen Wohnung in Albion, bevor er in der Nachbarschaft Christmas Park gründete – eine Attraktion für angehende Weihnachtsmänner wie für Kinder. Es gab Klassenräume und Künstlergarderoben, und die Santa-Schüler hatten Gelegenheit, die Interaktion mit Kindern zu üben. Kaufhäuser aus dem ganzen Land schickten ihre Santas zur Fortbildung hierher, und Charles W. Howard bereiste umgekehrt die ganze Welt, um sein Know-how bis nach Asien, Australien und Europa zu exportieren.

Als Charles W. Howard 1966 starb, zog die Schule nach Midland um. Heute lernt man hier am »Harvard der Santa-Schulen« für 500 Dollar an drei Tagen im Oktober die höhere Weihnachtsmanndiplomatie. Sätze wie »Santa's not going to promise that you're going to get everything you ask for, but he promises you're going to like everything you get.« Man erfährt, wie man sich kleidet, »schminkt, den Bart santamäßig pflegt«, lernt die »Santa Sign Language« (ein tonal sehr tief gelegtes Sprechen), den Umgang mit Rentieren, das perfekte »Ho, ho, ho …«, man erhält »Santa flight lessons« und eine Übersicht der aktuell angesagten Spielsachen und Elektronik-Gadgets. Die Nachfrage ist groß, so groß, dass längst nicht alle Interessenten an der Weihnachtsmann- oder auch Weihnachtsfrau-Schulung teilnehmen können. Ja, die Emanzipation ist bis ins Santa-Land vorgedrungen, und tritt man als Santa-Pärchen an, bekommt man sogar einen Mengenrabatt.

Es lohnt sich offenbar, in die überzeugende Darstellung eines Santa Claus zu investieren, ebenso wie in das

Kostüm, das bis zu tausend Dollar kostet. Ein Profi-Santa kann in nur ein paar Wochen Weihnachtszeit zwischen 8000 und 15 000 Dollar verdienen, zumal wenn er von einer Shoppingmall in Hongkong gebucht wird. Einer der »bestbezahlten Jobs der Branche«, so der amerikanische Autor und Schauspieler Jack Anderson, der sich als Santa einen Teil seiner Projekte finanziert. Gemeinsam mit dem Regisseur Jeff Myers produzierte er 2011 die Dokumentation *Becoming Santa* über die Arbeit eines Weihnachtsmanns, für die er sich selbst in einen Gabenbringer verwandelte. Er entdeckte dabei eine regelrechte Santa-Subkultur und fand Männer, die Santa ganzjährig leben, die niemals Kunstbärte tragen würden und sich zu Organisationen zusammenschließen, die so hübsche Namen tragen wie The Amalgamated Order Of Real Bearded Santa. Anderson erfuhr am eigenen Leib, wie die Sympathiewelle, auf der Santa im Winter surft, sogar im Sommer trägt: Als ihn die Rezeptionistin eines großen Hotels als Weihnachtsmanndarsteller identifiziert, bekommt er ein Upgrade in eine Suite.

Hochverdient. Weihnachtsmannsein ist nämlich purer Stress, den man sich nicht mal anmerken lassen darf. Auch nicht mit dem tausendsten Kind auf dem Schoß. Eine sicher übliche Tagesdosis bei den Santas in Macy's Santaland am New Yorker Herald Square. Das legendäre Christmas-Universum in dem berühmten Kaufhaus ist ein solcher Publikumsmagnet, dass man manchmal stundenlang warten muss, ehe man zum Weihnachtsmann vorgelassen wird. Damit die Kinder und ihre Eltern bis dahin nicht die Nerven und auch noch die Weihnachtsstimmung verlieren, wird ihnen auf den mehr als 1200 Quadratmetern einiges an Unterhaltung geboten:

schneebedeckte Berge, Modelleisenbahnen, Schneemänner, Pinguine, prachtvoll geschmückte Weihnachtsbäume und ein Ensemble, das es an Personalstärke locker mit *Aida* aufnehmen kann. Es treten ja nicht nur absolute Santa-Profis auf, die in abgeschirmten Kabinen penibel getrennt voneinander die Illusion aufrechterhalten, dass es nur einen gibt. Ein Elfenbegrüßungskomitee übernimmt die ehrenvolle Aufgabe der *crowd control:* den Wartenden die Zeit zu verkürzen. Und dann ist da noch Peppermint, die Chefsekretärin des Weihnachtsmanns. Wer sich berufen fühlt: Alle Jahre wieder sucht das Kaufhaus Männer und Frauen zwischen achtzehn und 63 Jahren für die Besetzungsliste. Man sollte, so die Anforderungen, über Bühnenpräsenz und eine freundliche Persönlichkeit verfügen, Leidenschaft für das Fest, fürs Schauspielern, für die Unterhaltung von Kindern und Erfahrungen im Einzelhandel mitbringen.

Bei dem ganzen so perfekt choreografierten Zauber sollen die Akteure nicht vergessen, worum es eigentlich geht: ums Verkaufen. Das ist die Achillesferse des Weihnachtsmanns, die offene Wunde, in die seine Kritiker stets so gnadenlos Salz streuen: dass er bloß eine Werbefigur ohne christliche Wurzeln sei, ein willfähriger Büttel der Konsumgesellschaft, eine Weihnachtshure. Und überhaupt: »Lokales Brauchtum – Fehlanzeige. Kennen Sie eine einzige ›Weihnachtsmann-Kirche‹? Außerdem vermittelt er kaum das Bewusstsein, dass Kinder das größte Geschenk sind und unter einem besonderen Schutz Gottes stehen.« Das antwortet Nikolaus einem Interviewer der katholischen Kirche (das gesamte Interview ist auf weihnachtsmannfreie-zone.de nachzulesen). Und dann sagt er noch, dass er da als Heiliger drüberstehe – also über dem Weihnachtsmann, »diesem schrulligen Kauz«. »Das Fest der Geburt Jesu Christi ist von einer zentralen Bedeutung für die Menschen und die Welt. Da bedarf es wahrlich mehr als nur einer lustigen Dekofigur für den Austausch von Geschenken.«

Es bedarf allerdings auch mehr als bloß einer billigen Weihnachtsmannschelte, um dem Phänomen gerecht zu werden. Das wissen wir, seit die damals achtjährige Virginia im Jahr 1897 ihren Vater fragte, ob es den Weihnachtsmann wirklich gibt. Ihr Vater riet ihr, diese Frage an die *New York Sun* zu richten, weil das Blatt sicher die Wahrheit sagen würde. Der Redakteur Francis P. Church gab eine so bewegende Antwort, dass der Leitartikel der am meisten nachgedruckte in englischer Sprache wurde. Er hat es verdient, voll und ganz wiedergegeben zu werden:

Mit Freude beantworten wir sofort und damit auf herausragende Weise die folgende Mitteilung und verleihen gleichzeitig unserer großen Freude Ausdruck, dass ihre gewissenhafte Autorin zu den Freunden der Sun *zählt:*

Lieber Redakteur: Ich bin acht Jahre alt.
Einige meiner kleinen Freunde sagen, dass es keinen Weihnachtsmann gibt.
Papa sagt: »Wenn du es in der Sun siehst, ist es so.«
Bitte sagen Sie mir die Wahrheit: Gibt es einen Weihnachtsmann?
Virginia O'Hanlon.
115 West Ninety-fifth Street.

Virginia, deine kleinen Freunde irren sich. Sie stehen unter dem Einfluss des Skeptizismus in einer skeptischen Zeit. Sie glauben nichts, das sie nicht sehen können. Sie glauben, dass nicht sein kann, was nicht von ihrem kleinen Verstand erfasst werden kann. Jeder Verstand, Virginia, ob er nun Erwachsenen oder Kindern gehört, ist klein. In diesem großartigen Universum ist der Mensch bloß ein Insekt, eine geistige Ameise, verglichen mit der grenzenlosen Welt um ihn herum, gemessen an der Intelligenz, die zum Begreifen der ganzen Wahrheit, des ganzen Wissens fähig ist.

Ja, Virginia, es gibt einen Weihnachtsmann. Er existiert so gewiss, wie Liebe und Großmut und Hingabe existieren, und du weißt, dass sie da sind und deinem Leben die größtmögliche Schönheit und Freude verleihen. Ach! Wie trostlos wäre diese Welt, wenn es keinen Weihnachtsmann gäbe! Sie wäre so trostlos, wie wenn es dort keine Virginias gäbe. Es gäbe dann kein kindliches Vertrauen, keine Poesie, keine Romantik, die dieses Dasein erträglich machten. Wir hätten keine Freude, außer durch die Sinne und die Ansicht. Dieses besondere Licht der Kindheit wäre ausgelöscht.

Nicht an den Weihnachtsmann glauben! Genauso gut könntest du nicht an Elfen glauben. Du könntest deinen Vater dazu bringen, Leute anzustellen, die an allen Kaminen wachen, um den Weihnachtsmann zu fangen, aber selbst, wenn du nicht siehst, wie der Weihnachtsmann herunterkommt, was würde das beweisen? Niemand sieht den Weihnachtsmann, aber das ist kein Zeichen, dass es ihn nicht gibt. Die wirklichsten Dinge der Welt sind solche, die weder Kinder noch Erwachsene sehen können. Hast du einmal gesehen, wie Elfen auf einer Wiese tanzen? Sicher nicht, aber das ist kein Beweis, dass sie nicht dort sind. Niemand kann all die Wunder, die ungesehen und unsichtbar sind, begreifen oder sie sich vorstellen. Du kannst eine Babyrassel in Stücke zerlegen und nachschauen, was das Geräusch im Inneren ver-

ursacht, aber die unsichtbare Welt ist von einem Schleier bedeckt, den nicht mal der stärkste Mensch, nicht all die Kraft aller stärksten Menschen, die jemals gelebt haben, zerreißen kann. Einzig Vertrauen, Poesie, Liebe, Romantik können den Vorhang beiseiteschieben und das Bild von überirdischer Schönheit und Glanz dahinter offenbaren. Ist das alles wirklich? Ach, Virginia, nichts in der ganzen Welt ist wahrer und beständiger.

Kein Weihnachtsmann? Gott sei Dank! Er lebt und lebt für immer! Noch in tausend Jahren ab jetzt, Virginia, noch in zehn Mal zehntausend Jahren von jetzt an wird er das Herz der Kindheit erfreuen.

Das wurde bis heute nicht schöner formuliert. Und wenn es stimmt, dass das ganze Fest ohnehin ein Sammelsurium von alten und neuen Traditionen, von Versatzstücken verschiedenster Kulturen und Religionen ist, dann muss ihm der Neid lassen, dass der Weihnachtsmann wunderbar ausgedacht, charakterlich herrlich geraten und ganz vom Geist des Gebens – also auch dem Geist des Festes – beseelt ist. Was man so vom Nikolaus nicht immer sagen konnte. Santa jedenfalls ist noch nie auf die Idee gekommen, kleine Kinder in dunkle Säcke stecken zu lassen, bloß weil sie getan haben, was ein Kind nun mal auch tun muss: eigensinnig sein, abenteuerlustig, wild.

Sollte man übrigens wissen wollen, wo Santa sich gerade aufhält: Das US-Militär zeichnet jedes Jahr zu Weihnachten seine genaue Route auf. »NORAD tracks Santa« (NORAD bezeichnet die North American Aerospace Defense Command) heißt die Aktion, für die die nordamerikanische Luftverteidigung am 24. Dezember von drei Uhr morgens Ortszeit an für 24 Stunden den Kurs des Schlittens aufzeigt. Man kann dort anrufen und sich über den neuesten Stand informieren oder die Reise über die Website noradsanta.org verfolgen, deren Echtheit unter anderem auch mit Santa-Webcam-Bildern vom Rentierschlitten belegt wird. Damit auch Donald Trump weiß, dass es sich hier zweifelsfrei um den Weihnachtsmann und nicht um eine postfaktische Rakete handelt.

Weihnachtsduft in jedem Raum

Offenbar haben die Erfinder von Weihnachten schon früh geahnt, dass man gerade in dieser Zeit jede kalorisch-moralische Unterstützung braucht, die man bekommen kann: für die Seele, für das Belohnungssystem, gegen den Stress, die Dunkelheit und den Winterblues, für den Familienzusammenhalt. Aber vor allem, um der Bedeutung und der Würde des Festes kulinarisch zu huldigen. Das Essen soll gerade jetzt nicht nur einfach nach Süßem oder Deftigem, nach Fleisch, Kartoffeln oder Stollen, Rotkohl, Maronen oder Karpfen schmecken, sondern auch nach sorgloser Kindheit, nach froher Erwartung, nach Geborgenheit und Ankommen und nach Familientradition, und somit vor allem auch emotionale Nährstoffe besitzen.

Entsprechend innig sind unsere Beziehungen zum Weihnachtsessen. Immerhin rangiert es auf der Liste der persönlichen X-mas-Prioritäten der Deutschen in einer Umfrage mit 56 Prozent noch vor dem Weihnachtsbaum (41 Prozent). Eine Präferenz, die wir uns etwas kosten lassen: Ein Drittel der Weihnachtsausgaben hierzulande wird für Essen und Trinken aufgewendet. Für die Geschmacksnuancen, mit denen wir aufgewachsen sind, die für alle Zeiten schreibgeschützt etwa unter »die einzig akzeptable Art, eine Gans zuzubereiten« oder »ohne Zimtsterne nach Omas Rezept ist Weihnachten nicht Weihnachten« als Inbegriff eines gelungenen Festes in unseren Gemütern abgelegt sind. Wir sitzen nicht nur mit Onkel Kurt, Cousine Frederike und Tante Gisela am Tisch, sondern immer auch mit den Bräuchen und Traditionen rund um die Weihnachtsköstlichkeiten. Teil einer unendlich langen Kette, die wir weiterführen, nicht zuletzt in der Hoffnung, dass wenigstens der Kartoffelsalat mit Würstchen am Heiligen Abend nicht irgendwann von einem 3-D-Drucker zubereitet wird. Mit Freude über die vermutlich wichtigste und froheste Botschaft des Festes – gleich nach der von der Geburt Christi –, die da lautet: Du darfst! Nämlich es kulinarisch ordentlich krachen lassen.

Gibt es manche Leckerei

Es ist beinahe, als wäre Moses damals noch mit einem elften Gebot vom Berg Sinai gekommen: »Du brauchst an Weihnachten nicht darben, sondern sollst dir etwas gönnen und richtig schlemmen!« Auch als Belohnung für die Fastenzeit, die dem Fest in seinen Anfängen vorausging. In dieser Zeit sollte man sich in Askese üben und Nächstenliebe praktizieren. Man bezeichnete diese Durststrecke auch als »Martinsfasten«, denn die Martinsgans war die letzte Leckerei bis zum Heiligen Abend. Dann aber wurde von der Lizenz zur Völlerei so weidlich Gebrauch gemacht, dass der Dichter Hans Sachs im 16. Jahrhundert schrieb, das Schlaraffenland müsse »drey Meyl hinter Weihnacht« zu finden sein, und man den Weihnachtsabend im norddeutschen Raum auch »Vullbucksavend«, also »Vollbauchabend« nannte.

Wie das Fasten begann, so begann auch das weihnachtliche Gelage: mit einem Gänsebraten. Weshalb ausgerechnet eine Gans und kein Falscher Hase oder eine Forelle? Eine anständig genährte Gans war zwar schon bei Ägyptern, Griechen und Römern ein Statussymbol für Wohlstand und Reichtum, aber eine Legende besagt, dass die englische Königin Elisabeth I. die Gans auf den Weihnachtsteller gebracht hat. Sie soll 1588 gerade eine verspeist haben, als die Nachricht eintraf, dass die spanische Armada bezwungen worden sei. Aus Freude über diesen Sieg und als Zeichen eines guten Omens soll sie daraufhin die Gans zum Weihnachtsbraten erklärt haben.

Schöne Geschichte, doch hatte die Armada bereits im August jenes Jahres das große Schiffeversenken verloren. Wahr ist, dass am elften Tag des elften Monats seit jeher Zinstag war. Dann mussten die Bauern ihren Zehnten abliefern, oft in Form einer Gans. Die Tiere schlüpfen meist im April und Mai und haben im November mit rund viereinhalb Kilo ihr Schlachtgewicht erreicht. Wo die Gans schon mal da war, wurde sie eben auch gegessen, und wenn nicht zu Martini, dann eben an Heiligabend. So hat sie sich gleich in verschiedenen Ländern als Weihnachtsbraten etabliert. In Schweden in Begleitung von Apfelmus und Rosenkohl. Im Elsass deftiger mit Sauerkraut und einer Füllung aus Bratwurst. In Deutschland meist mit Äpfeln, Zwiebeln, Kastanien und Dörrpflaumen gefüllt und mit Salz, Pfeffer, Majoran und Beifuß gewürzt, serviert mit Rotkohl oder Maronen,

Bratensoße und Klößen oder Kartoffeln. Von den rund fünf Millionen Gänsen, die hierzulande jährlich in den Bratröhren landen, werden mehr als neunzig Prozent im letzten Quartal des Jahres und meist am ersten Weihnachtsfeiertag serviert.

Ein Gänsebraten braucht unabhängig von allen Zubereitungspräferenzen immer etwa eine Stunde pro Kilogramm. Wenn das Fett komplett herausgebraten werden soll, ist eher noch mehr Zeit einzuplanen. Das passt nicht in das mit Baum schmücken, Geschenke einpacken, Oma abholen, Kinder beruhigen, Scheidung verschieben ohnehin zum Platzen gefüllte Heiligabendprogramm. Viele verlegen deshalb den Gänsebraten auf den ersten Weihnachtsfeiertag, und die meisten greifen dabei auf Tiefgekühltes aus Mästereien aus Polen, Bulgarien und Ungarn zurück. 86 Prozent des Weihnachtsgeflügels kommen aus dem Ausland, und der Preis regiert das Kaufverhalten. Ungeachtet der Warnungen von Tierschützern, die mittlerweile auch schon fester Bestandteil der Vorweihnachtszeit sind. Es ist von quälend engen Käfigen und extremer Zuchtselektion die Rede, die mit Gelenkentzündungen, Atemnot oder Knochenbrüchen einhergehen. Die beste Gans ist deshalb eine aus Freilandhaltung. Erstens aus reiner Barmherzigkeit, zweitens, weil es irgendwie ziemlich verrückt ist, so viel Arbeit in ein Projekt zu stecken, das niemals so richtig gelingen kann, weil drittens das Fleisch der wenigstens zeitweilig glücklichen Gänse einfach hochwertiger ist. Vielleicht aber ist die weihnachtlichste Gans gar keine Weihnachtsgans. So wie in dem DDR-Filmklassiker *Auguste die Weihnachtsgans* aus dem Jahr 1988, erfunden von Friedrich Wolf. Darin überlebt das Federvieh die Christmas-Deadline, weil im Lauf der

Geschichte aus »fünf Kilo Fleisch« ein Haustier mit einem Namen wird und es am Ende niemand übers Herz bringt, das neue Familienmitglied »Gustje« zu schlachten. (Die war übrigens ein Ganter und verstarb in dem für ein Geflügel biblischen Alter von 26 Jahren an Altersschwäche).

Vielen ist die Gans aber auch zu schwer verdaulich, so wie Wolfram Siebeck, der meinte, die Gans sei ein faseriger Fettbrocken, für den einen passenden Wein zu finden ihm unmöglich sei. Und dann braucht man außerdem eine Großfamilie, um des Geflügels Herr zu werden, und muss am ersten Feiertag gleich morgens früh an den Herd. Das hat die Ente ins Spiel gebracht. Noch so ein Weihnachtsklassiker. Auch in unserer Familie, wo sie seit dem Tod meiner Mutter von unserem jetzt 83-jährigen Vater nach dem Rezept seiner Mutter – Oma Therese – zubereitet wird. Er kocht die Ente in einem großen Topf mit Salzwasser vor und steckt sie danach – gefüllt mit Äpfeln – in den Ofen. Das Ergebnis ist außen herrlich knusprig, innen butterzart und saftig. Nie würden wir es gegen ein anderes Traditionsgericht tauschen. Schon gar nicht gegen den Karpfen. Weil wir finden, dass die Schöpfung diesen Fisch eindeutig nicht als Mahlzeit gedacht haben kann, sonst hätte sie ihn nicht mit so vielen Gräten ausgestattet (kein Fisch hat mehr!), und weil der Geschmack die vielen Mühen, den Fisch grätenfrei zu zupfen, letztlich nicht gerade belohnt.

Früher zählte noch das Schlammaroma zu den Anti-Karpfen-Argumenten. Eine Erinnerung daran, woher der Fisch eigentlich kommt: aus den Tiefen von Seen und Teichen und den Brackwasserregionen großer Ströme. Um den modrigen Geschmack »auszuspülen«, ließ man den Weihnachtskarpfen gern ein paar Tage in der Badewanne in klarem Wasser schwimmen, sodass keiner baden konnte. Genützt hat es wenig. Man hätte die Wanne schon ein halbes Jahr räumen müssen, um den muffigen Goût loszuwerden. Aber über Essensvorlieben lässt sich gerade an Weihnachten nicht streiten, und deshalb ist es sinnlos, einem Karpfenliebhaber mit vernünftigen Argumenten zu kommen. Etwa, dass der Fisch wie alter Teppich schmeckt oder dass niemand in der Familie einen Luftröhrenschnitt fachgerecht ausführen kann. Der Karpfenfreund würde einwenden, dass Karpfen heute längst nicht mehr in unsauberen, fauligen Teichen dümpeln und man den Fischhändler ja darum bitten kann, das Tier geschröpft zu übergeben – also mit zerkleinerten, nicht mehr störenden Gräten. Vor allem aber würde er sagen, dass der Fisch das wohl traditionellste und christlichste aller Weihnachtsessen ist.

Schon im Mittelalter tauchte der Karpfen als Fastenspeise der Mönche auf und ist zudem das Symbol der Christen. Im Griechischen heißt Fisch *ichthys* und beinhaltet die Anfangsbuchstaben für Jesus Christus, Gottes Sohn und Erlöser. So hat man mit dem Karpfen auch ein kleines Glaubensbekenntnis auf dem Teller. Im katholischen Polen etwa, wo er für siebzig Prozent der Bevölkerung immer noch das Wappentier des Festes und der Hauptdarsteller eines schönen Brauchs ist: zwölf Gerichte zu servieren, die für die zwölf Monate eines Jahres und die zwölf Apostel Christi stehen. Darunter etwa Hering, Rote-Bete-Suppe, Gemüsesalate, Piroggen mit einer Füllung aus getrockneten Pilzen, Sauerkraut und Gewürzen. Alles fleischlos, weil der Heilige Abend als letzter Tag der Fastenzeit gilt. Obwohl die Zahl der Gerichte heute nicht immer eingehalten wird, glaubt man noch daran, dass mehr Gerichte der Familie im folgenden Jahr mehr Wohlstand bringen. Und je abwechslungsreicher das Menü, umso erfüllter die nächsten zwölf Monate.

Nach dem Essen steckt man sich entweder eine Fischschuppe oder eine Gräte ins Portemonnaie. Auch das soll für Wohlstand und Glück im nächsten Jahr sorgen. Eigentlich müsste Polen also im World Happiness Report einen Spitzenplatz belegen. Schließlich gehen dort in der Adventszeit geschätzt zehn Millionen Karpfen über den Ladentisch, um gebacken, gebraten, zu Suppe verarbeitet oder »auf jüdische Art« – was in Polen heißt: in Aspik – serviert zu werden. Doch das Land schafft es nicht mal unter die dreißig glücklichsten Nationen und scheint im Gegenteil in letzter Zeit zunehmend zänkischer zu werden. Wenigstens einen hat der Karpfen nachweislich milde gestimmt: Dr. Mannhaus, Hauptfigur des herrlichen Weihnachtsfilmklassikers *Der große Karpfen Ferdinand* aus dem Jahr 1978. Das Familienoberhaupt, brillant gespielt von Martin Held, hadert zunehmend mit der Aussicht, den Karpfen in der Wanne dem weihnachtlichen Speiseplan zu opfern. Zumal Dr. Mannhaus in ihm bald die Reinkarnation des Steuersekretärs Ferdinand Leitner zu erkennen glaubt.

In Deutschland haben offenbar viele diesen Film gesehen – denn hier liegt der Karpfen mit bloß zehn Prozent weit hinter Ente und Gans auf dem letzten Platz der beliebtesten Heiligabendgerichte. Aber auch das Geflügel belegt längst nicht die Poleposition. Dort residiert laut einer aktuellen Umfrage mit großem Abstand zu seinen Verfolgern Kartoffelsalat mit Würstchen. Für 36 Prozent der Deutschen der unanfechtbare Weihnachtsmonolith.

Jetzt könnte man einwenden: Warum nicht gleich Topfschlagen, Luftballons und »Weihnachten mit den Schlümpfen« und dass wir zwar Christi Ankunft feiern, aber doch keinen Kindergeburtstag. Außer man gehört zu den 46 Prozent der Frauen und 36 Prozent der Männer, die an Weihnachten mehr als vier Stunden für die Zubereitung des Weihnachtsmahls aufwenden. Dann erschließt sich einem der Vorteil eines unkomplizierten Gerichts zum Festtagsauftakt sofort.

Zudem haben zumindest die Würstchen eine eigene Weihnachtsgeschichte. Blut- und Leberwurst sowie Mett und überhaupt Schweinefleisch waren seit jeher eine Alternative für jene, die sich keine fette Gans leisten konnten. »Mettensau« nannte man das arme Schwein, das in der Vorweihnachtszeit besonders nahrhaft gemästet, am 21. Dezember, dem Thomastag, geschlachtet und nach der Christmette am 24. Dezember als Schweinebraten verspeist wurde. Manchmal wurde die Schweinerippe mit Äpfeln, Backpflaumen und Rosinen gefüllt und so zur »Beamtengans« veredelt. Sicher verdankt sich der Weihnachtsschinken, der bevorzugt in Schweden, England und den USA im Mittelpunkt des Festes steht, diesen Wurzeln. In Schweden wird der Jul-Schinken – Glanzstück des üppigen Weihnachtsbüfetts, des *julbord* am *ulafton* (Heiligabend) – auch in der Vorweihnachtszeit gegessen, meist kalt mit Backpflaumen und Apfelmus.

Der typische amerikanische Weihnachtsschinken ist ein echtes Schwergewicht, für das weder deutsche Herde noch hiesige Geschmacksknospen ausgestattet sind. Eine Freundin meiner Mutter, mit einem amerikanischen Soldaten verheiratet, brachte uns einmal so einen Brocken als Geschenk mit. Wie es sich für den *Christmas ham* gehört, war er *honey glazed,* also dick mit einer Mischung aus Senf, Ahornsirup und Honig eingespachtelt (»eingepinselt« würde der zentimeterdicken Schicht bei Weitem nicht gerecht werden). Nachdem meine Mutter den Schinken nur mit Gewalt in ihren Ofen bekommen hatte, saßen wir dann vor diesem Ungetüm. »Das macht mir Angst!«, sagte meine Schwester. Zu Recht. Das Ding sah aus, als würde es eine neue Lebensform ausbrüten. Gut, man soll ja nicht urteilen, bevor man probiert hat. Wir haben, und deshalb kann ich sagen: Der Schinken war ungenießbar. Eine fatale Mischung aus viel zu süß und viel zu rauchig dank des typischen und ziemlich künstlichen Hickory-Rauch-Aromas, das der Hersteller für den Laien deutlich zu üppig dosiert hatte. Wir haben Pizza bestellt und das fleischige Monstrum entsorgt.

Dabei wäre außer der Gans, der Ente und dem Karpfen auch »der Gregor« sehr froh über eine Erlösung durch den Schinken vom Weihnachtsspeisezettel. So nennen die Briten ihren Weihnachtstruthahn. Serviert wird er »with all the trimmings«, also mit Bratkartoffeln, Pastinaken, Rosenkohl, in Speck gewickelten Chipolata-Würstchen, Bratensoße, Cranberrysoße, und mit seiner leckeren Füllung, dem *stuffing,* aus Backpflaumen, Äpfeln oder Hackmasse mit Brot. Vor mehr als 500 Jahren brachte William Strickland die ersten sechs dieser Vögel aus Amerika mit auf die Insel. König Edward VII. soll dann den Truthahn zum Weihnachtsvogel geadelt haben als Ersatz für den gerösteten Pfau oder Schwan, die dem Fest fortan entspannt entgegensehen konnten. Heute werden in England jährlich zehn Millionen Truthähne zu Weihnachten verspeist. Auch sie haben, wie die Gänse, oft ein furchtbares Martyrium hinter sich. Wenn es stimmt, was Peter Ustinov einst behauptete: »Meine Vision vom Jenseits – an der Himmelspforte stehen all die Tiere zur Begrüßung, die man in seinem Leben verspeist hat, und schauen einen stumm mit vorwurfsvollen Augen an«, dann könnte das einen ziemlich unangenehmen Spießrutenlauf zur Folge haben. Auch für die Franzosen. Am Heiligabend genießen sie das große, mehrgängige und mehrstündige Festessen *reveillon* (Weihnachtsschmaus). Mit Meeresfrüchten, meist Austern, Langusten und Hummer, mit *foie gras* (ja, tatsächlich Enten- oder Gänsestopfleber), *dinde aux marrons,* einem mit Maronen gefüllten Truthahn, mit Ente in Orangensoße, Pasteten, Gemüse, Käse, viel Süßem und natürlich Champagner.

Im Vergleich zu den Grönländern hätten die Franzosen aber immer noch das wortwörtlich kleinere Problem an der Himmelspforte. Trotz der Foie gras. Das traditionelle Weihnachtsessen auf der Insel stammt von ganz großen Tieren: Robben, Walen und auch Rentieren. Zu den bekanntesten Spezialitäten gehören die beiden Speisen *mattak* und *kiviak.* Mattak ist Walhaut, an der noch ein gutes Stück wabbeliges Fett hängt. Angeblich schmeckt sie nach Nüssen oder Mandeln. Für die Delikatesse Kiviak werden Alkenvögel samt Schnäbeln, Füßen und Federn gemeinsam mit Beeren und Kräutern in einen Robbenbalg gesteckt. Danach wird der zugenäht, mit Fett abgedichtet und unter einen Steinhaufen gelegt. Nach sechs Monaten etwa ist das Gericht »gar«. Dann wird es zu Festtagen gegessen. Auch zu Weihnachten. Und zwar draußen. Denn es stinkt enorm nach altem Käse. Im Vergleich zu Kiviak mutet die frittierte, fingerdicke Mopaneraupe der Kaisermotte, die traditionelle

Weihnachtsspeise in Teilen Südafrikas, wenigstens olfaktorisch schon fast als Delikatesse an.

Eine Spezialität aus Westnorwegen komplettiert die Liste der aus unserer Sicht skurrilen Weihnachtsessen. Sie heißt *smalahove,* und es handelt sich um geräucherte Köpfe von Lamm oder Schaf. Ursprünglich war es ein Essen für Leute, die aus Not wirklich alles leidlich Genießbare vom Tier verwerten mussten. Heute, wo immer mehr Menschen der Meinung sind, dass man aus Respekt vor der Kreatur ein Tier nicht bloß wegen seiner Filetstücke schlachten sollte, ist das Gericht Teil des »From nose to tail«-Trends. Dafür wird so ein Schafskopf in zwei Teile gespalten, das Hirn entnommen und der Rest für mehrere Tage in ordentlich gesalzenes Wasser gelegt. Dann wird er in einem besonderen Räucherprozess (nur der Rauch von speziellem Holz ist dafür geeignet) gegart, bis das Fleisch so weich ist, dass es vom Knochen fällt. Serviert wird der halbe Kopf mit der halben Zunge traditionell mit Salzkartoffeln und Kohlrübenpüree.

Der britische Spitzenkoch Fergus Henderson, »From nose to tail«-Urvater, meinte zwar einmal, dass etwa ein Schweinskopf eine »ideales romantisches Abendessen für zwei« abgeben könnte. Aber es ist Weihnachten, da isst das Auge mit und will eben nicht mitgegessen sein. Jedenfalls in unseren Breiten. Aber wer weiß, möglicherweise werden kommende Generationen ja mit Entsetzen auf den traditionellen Gänsebraten blicken, wird die Weihnacht der Zukunft nach Auberginenschiffchen und Kürbispommes duften. Laut Deutschem Vegetarier-Bund ernähren sich in Deutschland bereits 7,8 Millionen Menschen vegetarisch (rund zehn Prozent der Bevölkerung) und 900 000 vegan (1,1 Prozent). Tendenz steigend. Besonders unter Jugendlichen. Sollten die ihre Einstellung zum »Aasfressen« in froher Festtagstischrunde verkünden wollen, nachdem Sie vier Stunden lang für den besten Entenbraten der Welt (bio natürlich) in der Küche gestanden haben, sagen Sie ihnen einfach: »Wenn du so weitermachst, feiern wir nächstes Jahr in Grönland oder noch besser in Westnorwegen.« Oder tun Sie etwas für Ihre Nerven und essen Sie etwas Süßes. Ist ja genug da.

Pfeffernuss und Mandelkern

So viel vorneweg: Da mein Vater Bäcker ist, sind meine Geschwister und ich praktisch stets umgeben von Kuchen und Torten, von Teilchen und Gebäck aufgewachsen. Kinder, deren Väter Berufe hatten, für die man nicht mitten in der Nacht aufstehen muss, fanden das immer großartig. Glühend wurden wir um den direkten Zugang zu Süßem aller Art beneidet. Und besonders im Advent stellten sich alle, die es nicht anders kannten, vor, dass wir ja praktisch im Schlaraffenland zu Hause sein müssten, wo sich der Weihnachtsteller niemals leert und stets reichlich Butterplätzchen, Zimtsterne, Makronen, Spritzgebäck, Vanillekipferl zur Verfügung stehen, ohne dass man dafür erst noch »brav« sein oder sein Zimmer aufräumen muss.

Wie recht sie hatten. Leider. Denn tatsächlich standen wir ab Mitte November in einem Kekshochgebirge, für das man eigentlich schon eine Bergsteigerausrüstung gebraucht hätte. Wir aber waren nur mit Waage, Plastiktütchen und schmalen Kinderhänden ausgestattet und mit der Aussicht, das Taschengeld deutlich aufzubessern, wenn wir in der Weihnachtszeit in der Bäckerei Plätzchen zum Verkauf eintüteten, abwogen, etikettierten. Eine enorme Geduldsprobe. Zum einen durfte man die Plätzchen natürlich nicht einfach in die Tüte werfen. Man musste sie vielmehr ganz akkurat so hineingleiten lassen, dass sie sich zu kleinen, hübsch ordentlichen Säulen türmten. In einer Tüte hatten genau drei Säulen Platz, und bevor sie sich am Ende gegenseitig stützen konnten, hatte man dafür zu sorgen, dass sie sich bis dahin in der Tüte auf keinen Fall berührten. Andernfalls drohte Einsturzgefahr. Zum anderen sollte man mit den natürlich sofort fettigen Fingern (Butterplätzchen!) auf keinen Fall Abdrücke auf der Tüte hinterlassen und das Ganze am Ende so fest mit einem Verschlussstreifen schließen, dass die Säulen keinen Platz hatten, um umzufallen – aber immer noch genug, damit keines der Plätzchen Schaden nahm. Man ahnt ja nicht, wie sensibel Weihnachtsplätzchen sind, bevor man sie näher kennengelernt hat. Sie fangen praktisch schon an zu brechen, wenn man sie bloß ein wenig streng anschaut. Und man macht sich keine Vorstellung davon, wie sehr es einen fertigmachen kann, wenn tatsächlich immer *alles* da ist, weil der Ofen unablässig Nachschub ausspuckt. Seitdem weiß ich: Weihnachten ist schön, es duftet wunderbar und schmeckt göttlich, macht aber unglaublich viel Arbeit. Besonders in der Backstube, da gerade die Süßwaren so etwas wie die Markenbotschafter des Festes sind.

Ganz vorn – sozusagen die Bundesliga der Leckereien: die Weihnachtsplätzchen. Sie halten unangefochten den Spitzenplatz. Selbstverständlich selbst gemacht, und zwar von den Müttern und Großmüttern. Wann immer einem das ideale Fest in einer perfekten Familie vorgeführt wird, steht ja kein Mann, sondern eine Frau in der Küche und rührt den Teig. Gern gemeinsam mit den kleinen Kindern und später für die großen. Wolfram Siebeck hat sich vor Jahren schon in der *Zeit* darüber amüsiert, wie dieser Drang, unverzüglich an die Rührschüssel zu eilen, sobald man das erste Weihnachtslied im Radio hört, bei Frauen offenbar zu den sekundären Geschlechtsmerkmalen zählt. Natürlich, um sich mit der Behauptung solch »genetischer Dispositionen« mal eben selbst von dieser Arbeit freizustellen: »Doch wie jeder Mann fühlte ich nicht das geringste Bedürfnis, mit Zucker, Mehl und Backblech zu hantieren.« Das hat sich vermutlich auch deshalb so ergeben, weil Frauen nun mal seit Jahrtausenden in der Küche stehen, von wo aus das Fest einen Gutteil seiner Pracht entfaltet. Und so tut eine Frau meist heute noch, was schon Generationen vor ihr getan haben: viele, viele »flach geformte Kuchen« herstellen, so die ursprüngliche Bedeutung des Wortes »Plätzchen«.

Die müssen sein. Sogar unter widrigsten Bedingungen. »Ohne alles mit Essig« nannten sich etwa die selbst gebackenen Es-gab-ja-nichts-Knusperplätzchen der Nachkriegszeit, bei denen das Ei durch Milch, die Milch durch Magermilch und die Magermilch durch Wasser ersetzt werden konnte. Statt Zucker nahm man Rübenzucker, und das weiße Weizenmehl wurde durch graues Roggenmehl ersetzt. Nur der Essig als Treibmittel blieb unersetzlich. Noch karger ging es im Ersten Weltkrieg zu. Da lautete das Rezept: »Man nehme die Fleischkarte, wälze sie in der Eierkarte und brate sie in der Butterkarte schön braun …« Heute gibt es alles im Überfluss. Außer Zeit für die 13 824 verschiedenen Plätzchensorten. Eine unfassliche Zahl, die sich – so der Publizist Jens Jessen in der

Zeit – aus folgender Berechnung ergibt: »Die Arithmetik des Plätzchens geht üblicherweise von acht Stammsubstanzen und sechs Grundformen aus (Hörnchen, Kringel, Kugel, Taler, Herz und Quader) und kommt damit auf eine Kernzahl von 48 Typplätzchen. Multipliziert mit den üblichen Aromen (Vanille, Zimt, Schoko, Zitrone, Orange, Kaffee, Rum, Haselnuss, Mandel, Walnuss, Ingwer, Kardamom), ergibt das 576. Die Zahl lässt sich sofort verdoppeln, wenn man die Wahl zwischen zwei Arten von Zusätzen erlaubt (kandierte Früchte und ganze oder geschrotete Nüsse), und noch einmal verdoppeln durch die Wahl zwischen Schokolade und Zuckerguss als Überzug. Damit stehen wir schon bei 2304. Die möglichen Füllungen schließlich – Schoko, Vanille, Zitrone, das umstrittene Marzipan und die modische Erdnuss, die klassische Marmelade, die wir hier noch nicht einmal nach Früchten differenzieren – bringen die Zahl der theoretisch denkbaren Plätzchen auf erstaunliche 13 824, in Worten: dreizehntausendachthundertvierundzwanzig.«

Und die Plätzchen sind ja nicht allein. Dazu kommen noch die hundert Millionen Schokoladenweihnachtsmänner, die es gemeinsam mit den anderen Frühaufstehern des Festes spätestens im Herbst in den Supermarkt schaffen. Alle Jahre wieder beschweren sich Kunden darüber, dass es im September für Weihnachtsgebäck doch wirklich etwas zu früh sei. So die Mitglieder der Facebook-Gruppe »Kein Lebkuchen vor dem 1. Advent«. Auch eine Weihnachtstradition. Bereits in den 1950er-Jahren beklagte ein Autor in der *Zeit,* dass »eine Keksfabrik schon jetzt Lebkuchenherzen in Weihnachtstüten in den Handel bringt«. Da war es immerhin bereits November. Er kannte vermutlich nicht die spitzfindige

Argumentation des Bundesverbands der Deutschen Süßwarenindustrie (BDSI), wonach es sich bei den saisonalen Irrläufern nicht um Weihnachts-, sondern um »Herbstgebäck« handle, solange sie nicht in eindeutig weihnachtliche Verpackung eingeschlagen sind.

Tatsächlich wird etwa Spekulatius in den Niederlanden und in Belgien ganzjährig gegessen. Das Butter-Mandel-Gebäck aus würzigem Mürbeteig verdankt seinen Namen der lateinischen Bezeichnung für Bischof: *speculator.* Es stammt aus Holland und dem Rheinland, wo man die Kekse ursprünglich zu Ehren des heiligen Nikolaus am 6. Dezember buk und darauf die Bilder der Nikolausgeschichte darstellte. Und auch der Lebkuchen ist ebenso wie die Printe in manchen Regionen ein Ganzjahresprodukt. Nämlich dort, wo die beiden eigentlich herkommen: Nürnberg und Aachen. Nur im Rest der Republik hält man die beiden für Saisonarbeiter. Vermutlich, weil ihre olfaktorischen Sensationen – sie duften nach Anis, Nelke, Koriander, Piment, Zimt, Kardamom – so eng mit Weihnachten assoziiert sind.

»Die Printe, ein Aachener Nationalgebäck, ist eine Art Honigkuchen. Der Ursprung ist wahrscheinlich im belgischen Dinant, der ersten Backstätte für das sogenannte Gebildbrot zu suchen«, so ist es im »Aachen-ABC« der Kur- und Badestadt zu lesen. Aber es gibt noch deutlich mehr über sie zu sagen. Ihre Existenz verdankt die Urprinte streng genommen dem Rheuma von Karl dem Großen. Wegen der heißen Quellen, die ihm das Leiden linderten, kurte der Kaiser am liebsten in Aachen und ließ hier auch eine Pfalz (von lateinisch *palatium* = Palast) errichten. 800 Jahre nach seinem Tod widmete die Stadt Karl einen Brunnen. Die mit der Montage beauftragten

Bronzegießer aus dem belgischen Dinant hatten als Proviant *Couques de Dinant* dabei: harte Honigkuchen, die mit einer Art Teigstempel nach dem Bild von Heiligen geformt wurden. Die Aachener übernahmen das Rezept, und weil der Teig in Holzformen gepresst – also geprintet – wurde, hatte man auch gleich einen Namen für den Neuzugang beim Bäcker. Aber damit hatte die Printe ihre Endfassung noch nicht erreicht. Dazu brauchte es Napoleon. Wegen seiner Kontinentalsperre gegen England war 1806 kein Rohrzucker mehr zu bekommen, also behalf man sich mit Rübenzuckersirup. Der machte den Teig aber weicher, sodass sich keine Figuren mehr formen ließen. Also wurde die Masse nur noch ausgerollt und in Vierecke geschnitten.

Heute kennt das Printenuniversum viele Varianten. So wie etwa die der Aachener Printenbäckerei Klein – seit 1912 in Familienbesitz –, die längst auch via Onlineshop in alle Welt gehen. Bis in die USA und nach Asien. Bei Klein werden die Printen noch per Hand gemacht. Es gibt sie mit und ohne Nüsse, mit Mandeln, mit verschiedenen Schokoladen, mit Zuckerguss, mit Kräutern und in verschiedenen Härtegraden. Alle entstehen aus dem gleichen Teig, dessen Rezeptur streng geregelt ist. Der Betrieb bietet Führungen an, um die Printe ein wenig besser kennenzulernen und etwa zu erfahren, dass für das Produkt mit dem EU-Siegel »geografisch geschützte Angabe« nur Farinzucker, Kandis, Rübenzucker, dunkles Mehl, Gewürze und Backtriebmittel verwendet werden dürfen. Darin liegt auch der Unterschied zu Lebkuchen: keine Eier, keine Früchte.

Der Printenteig wird zunächst mindestens 24 Stunden gelagert. Ist er so zäh, dass man damit auch Kacheln verfugen könnte, hat er genau die richtige Konsistenz. Dann wird er mit Pottasche und Natron verknetet und kommt in die Walze, die die jeweiligen Formen ausstanzt: rechteckig klein, groß. Die Printen werden bei 200 Grad in etwa einer Viertelstunde dunkelbraun gebacken. Ob eine Printe hart oder weich ausfällt, hat nicht mit dem Teig oder der Backdauer, sondern mit der Lagerung zu tun. Für die weiche Variante bleiben die frisch gebackenen Printen mehrere Tage lang in Klimazellen. Wie Champagner müssen sie täglich per Hand gewendet werden, damit sich die Feuchtigkeit gut verteilt. Das schont die Zähne. Alteingesessene Aachener erreichen diesen Effekt auch, indem sie die harte Printe in den Kaffee tunken oder stippen. Profis wissen zudem, dass man die Printe in einem Gefäß mit einem aufgeschnittenen Apfel doch noch erweichen kann. Oder auch, dass die einfache Kräuterprinte geraspelt ein ideales Bindemittel für die perfekte Bratensoße abgibt. Wenngleich man in Aachen die Printe ganzjährig liebt, hat sie an Weihnachten doch ihre Hochzeit. Das bedeutet Mörderstress in der Bäckerei, in der Veredelungs- und der Verpackungsabteilung und beim Verkauf auf den Weihnachtsmärkten in der Umgebung, in Essen und Düsseldorf. Ja, Weihnachten mag manchmal auch hart sein. Aber die Printe ist härter.

Der Lebkuchen ist dagegen zwar eher ein Weichei, aber eine so wirksame Weihnachtsstärkung, dass man ihn eigentlich auf Rezept bekommen müsste. Im Westen ist Nürnberg Lebkuchenhauptstadt, im Osten, wo die Backware Pfefferkuchen heißt, Pulsnitz. Beiden Städten gemein ist, dass sie Zentrum europäischer Handelsrouten waren, auf denen viele Gewürze in die Stadt kamen. Die Ersten dieser Art Honigkuchen wurden vorwiegend in

Klöstern zubereitet. Entsprechend stammt auch die erste schriftliche Erwähnung im Jahr 1296 aus einem Kloster, und zwar einem Ulmer. Von Klöstern stammt auch die Tradition, die Teigmasse auf Oblaten – die *hostia oblata* – zu streichen, um zu verhindern, dass sie am Backblech anklebt. Bald bildete sich ein eigener Berufszweig heraus: Lebzelter, Lebküchner oder Pfefferküchler. Typisch für ihre Waren ist, dass zum Süßen Honig verwendet wird, dass Wasser, Milch, Fett praktisch gar nicht oder nur in sehr geringer Menge in den Teig kommen. Zu seiner Lockerung trugen traditionell Pottasche oder Hirschhornsalz bei. Heute allerdings hat man eher auf Natron und Backpulver umgestellt. Auch weil Hirschhornsalz zu einem hohen Acrylamidgehalt führt. Was den Lebkuchen von heute mit seinen Ahnen verbindet: dass die trockene, zuckerreiche Beschaffenheit ihn – zumindest die Sorte »Brauner Lebkuchen« – ungefähr so haltbar macht wie Bundeswehrzwieback, die Verfeinerung mit Nüssen und Mandeln, die Tod und Auferstehung symbolisieren, und natürlich die Gewürze, etwa Anis, Ingwer (weshalb der Lebkuchen in England auch *gingerbread* heißt), Kardamom, Muskat, Nelken, Zimt.

Wer den Pfeffer sucht, um sich den Namen »Pfefferkuchen« zu erklären: Früher wurden exotische Gewürze ganz allgemein als »Pfeffer« bezeichnet, und bisweilen war tatsächlich auch Pfeffer drin. Das Wort »Lebkuchen« geht entweder auf das lateinische *libum* (»Fladen«, »Opferkuchen«) oder den germanischen Begriff »Laib« zurück. Vielleicht hatte der Namensgeber auch die heilende Wirkung bedacht, die dem Lebkuchen lange zugesprochen wurde, und ihn als Lebensretter würdigen wollen. Schließlich galten die Gewürze als Medizin – die Nelke etwa als schmerzstillend, krampflösend und beruhigend; der Zimt als appetitanregend, durchblutungsfördernd; der Anis als wohltuend für die Verdauung. Weil der Lebkuchen so gesund war, durfte er auch während der Fastenzeit genossen werden – gemeinsam mit einer weiteren hochwirksamen Medizin: starkem Bier. Die heilende Kraft ist sogar durch eine Sage verbürgt. Demnach soll 1720 die schöne Tochter eines Lebküchners schwer erkrankt sein. Der verzweifelte Vater buk für sie einen besonders reichhaltigen Lebkuchen, nur aus Haselnüssen, Bienenhonig und den besten Gewürzen. Das Mädchen wurde wieder gesund, und weil es Elisabeth hieß, war das Lebkuchenuniversum nun um das Premiumprodukt Nürnberger Elisenlebkuchen reicher. Echt übrigens nur, wenn er wirklich in Nürnberg produziert wurde; die Herkunftsbezeichnung ist geschützt.

Heute unterscheidet man zwei Varianten von Lebkuchen: die Braunen Lebkuchen aus knetbarem Teig mit einem hohen Anteil von Mehl – also etwa Pfeffernüsse, Spitzkuchen, Lebkuchenherzen – und die mehlarmen Oblatenlebkuchen. Warum der Lebkuchen, der früher auch zu Hochzeiten, Taufen oder zu Ostern verschenkt wurde, heutzutage vor allem als Weihnachtsgebäck wahrgenommen wird, kann man nur vermuten. Vielleicht, weil Mönche und Nonnen ihn wegen seiner guten Haltbarkeit vor allem im Winter aßen? Weil er in der adventlichen Fastenzeit so ein kulinarischer Lichtblick war? Möglicherweise, weil wir seine Aromen mit der kalten Jahreszeit assoziieren? Wegen der Gebrüder Grimm und ihrem Märchen von »Hänsel und Gretel«, in dem es heißt: »Sie kamen an ein Haus aus Pfefferkuchen fein« und »es war so bitter, bitter kalt«?

Sicher ist, dass eines der schönsten Rezepte von Linn Schmidts Oma Erna stammt, genauer gesagt aus dem Buch *Heimwehküche Backen,* für das die Kochbuchautorin gemeinsam mit ihrer Freundin und Kollegin Birgit Hamm Großmütter und Mütter nach ihren süßen Favoriten befragt hat. Oma Erna buk ihre Elisenlebkuchen immer selbst, als Teil eines lieb gewonnenen ehelichen Rituals: »Der Opa tunkte die Lebkuchen in den Kaffee, und immer wenn er tunkte, schimpfte die Oma.« Um Ähnliches in das Weihnachtsprogramm aufnehmen zu können, nehme man: 2 Eier, 200 g Zucker, 1 EL gemahlenen Zimt, ½ TL gemahlene Nelken, 125 g gemahlene Mandeln, 100 g gemahlene Haselnüsse, abgeriebene Schale von 1 Bio-Orange, je 30 g Orangeat und Zitronat, ca. 15 Oblaten (9 cm Ø), 150 g Puderzucker oder 125 g Kuvertüre, Mandeln zum Dekorieren. Eier schaumig schlagen, Zucker einrieseln lassen. Weiterschlagen, bis eine cremige Masse entsteht. Gewürze, Mandeln, Nüsse, Orangenschale, Orangeat und Zitronat unterrühren, 24 Stunden abgedeckt trocknen lassen. Ofen auf 160 Grad vorheizen, Oblaten auf Backpapier legen, je 1 EL Teig darauf drücken. 20–25 Minuten auf mittlerer Schiene backen. Herausnehmen, abkühlen lassen. Für den Guss Puderzucker mit 3–4 EL Wasser verrühren und auf die Lebkuchen streichen – oder diese mit geschmolzener Kuvertüre überziehen. Mit Mandeln dekorieren und den Lebkuchen erst mal vergessen. Er schmeckt am besten, wenn er einige Tage in einer Blechdose geruht hat. Linn Schmidt und Birgit Hamm haben natürlich auch den Omatrick in Erfahrung gebracht, wie man die Härten des Gebäcks abfedert: mit Milch einpinseln, drei bis fünf Minuten bei 150 Grad aufbacken, abkühlen lassen, in einer Dose verwahren. Aber das hat der selbst gemachte Oma-Erna-Elisenlebkuchen gar nicht nötig. Der wird nämlich nicht hart. Auch wenn Opa so tut, damit er ihn ungestraft in seiner Kaffeetasse versenken kann.

Fehlt noch der Stollen im süßen Weihnachts-Who's-who. An ihm scheiden sich die Geister. Ich zum Beispiel gehöre zu den Stollenverächtern, weil das Gebäck so ziemlich alles enthält, was ich nicht mag: Zitronat, Orangeat, Marzipan, Rosinen und Korinthen (nein, das ist nicht dasselbe: Korinthen werden aus der Rebsorte Korinthiaki, auch Schwarze Korinthe, hergestellt). Man könnte das alles zwar rauspulen, aber dann wäre der Stollen praktisch atomisiert. Und nein, das hat sich in den letzten Lebensjahrzehnten nicht geändert. Ich glaube an ein Anti-Stollen-Gen. Denn obwohl ich lebenslang Zugang zu den Besten seiner Art hatte, konnte ich mich nie mit ihm anfreunden. Dabei hat mein Vater, der Bäcker, wirklich alles gegeben, und tut es immer noch. Obwohl längst in Rente, backt er alljährlich mindestens dreißig Stollen. Für seine Geschwister, für die Nachbarn, für meine Freunde und für die meiner Schwester, für die finnische Verwandtschaft.

Er sagt, das Wichtigste bei der Zubereitung sei, »den Hefeteig am Leben zu erhalten«. Nicht durch Mund-zu-Mund-Beatmung oder Herzdruckmassagen, sondern durch die Art und Weise, wie die Zutaten zusammengebracht werden. Ideal: aus Mehl, Wasser und Hefe einen Vorteig ansetzen, der ruhen darf, damit die Hefe sich gut entwickeln kann und später stark genug ist, den Laden zusammenzuhalten. Wichtig auch, weil beim Stollen viele Zutaten, vor allem viel Fett zum Einsatz kommt. Um zu verhindern, dass er zerfließt oder die Rosinen verkohlen, benutzt mein Vater geschlossene Backformen. Aber er hatte in seiner Bäckerei auch gute Ergebnisse mit einer Art Teigdecke erzielt, in die man den Stollen zum Backen einschlägt. Sein Tipp: Rum nicht in den Teig geben, sondern die Rosinen einen Tag vorher in Rum einlegen, und Rohmarzipan in den Teig einarbeiten, das macht den Stollen saftig und sorgt für ein köstliches Aroma. Das Ergebnis sieht aus wie gemalt und soll, das versichern alle, die in den Genuss kommen, herrlich schmecken.

Auch wenn ich ihn nicht esse, mag ich den Duft und die Form des Stollens. Trotz des vermeintlich ziemlich morbiden Hintergrunds. Der schneeweiß mit Puderzucker bestäubte Laib soll angeblich an die in Bethlehem umgekommenen, in Tücher gewickelten Kleinkinder erinnern. Dazu passt, dass es im späten Mittelalter Brauch war, den Christstollen nicht vor dem 28. Dezember, dem »Tag der unschuldigen Kinder«, anzuschneiden. Eine andere Lesart ist da schon weihnachtlicher. Sie besagt, der Stollen symbolisiere den neugeborenen Christus. Sicher ist: Die Beziehungen zwischen dem Stollen und dem Glauben waren von Anfang an eng. Auch er begann seine Karriere als Fastengebäck, gemacht nur aus Mehl, Wasser, Hefe und ein wenig Öl. Im Jahr 1450 hatten die Kurfürsten Ernst und Albrecht von Sachsen zwar beim Papst in Rom einen Antrag gestellt, Butter benutzen zu dürfen, aber der lag dort erst mal vierzig Jahre und überlebte fünf Päpste, ehe Innozenz VIII. die Butter abnickte. Und sie auch gleich kostenpflichtig machte. Das »Buttergeld« wurde für den Erhalt von Kirchen verwendet.

Stollen verbindet man heutzutage fast unweigerlich mit dem Namen Dresden. Früher war jedoch vor allem das »Christbrod« aus Meißen und Siebenlehn beliebt, und dass es seinen Weg bis nach Dresden fand, erregte den Unmut der Dresdner Bäcker. Nach dem Dreißigjährigen Krieg erkämpften diese sich schließlich das Privileg, dass nur noch Dresdner »Striezel« auf dem nach ihm benannten Dresdner Striezelmarkt verkauft werden durften. Seinen Ruf als königliches Gebäck bekam der Dresdner Stollen ab 1560. Traditionell zum heiligen Fest übergaben die Dresdner Stollenbäcker ihrem Landesherrn ein oder zwei Weihnachtsstollen. In einem Zeremoniell wurde das 36 Pfund schwere Gebäck von acht Meistern und acht Gesellen durch die Stadt zum Schloss getragen. Wie heute jeder Manager einen noch größeren und teureren Schreibtisch als sein Vorgänger haben muss, war damals der Stollen Prestigeobjekt typisch männlichen Wettbewerbsdenkens: 1730 verspürte August der Starke den heftigen Drang, alles bisher Dagewesene zu übertreffen. Anlässlich des Zeithainer Lustlagers (nein, kein Swingerklub, sondern eine maßlos-protzige Truppenschau) ließ er für die rund 24 000 Gäste einen Riesenstollen von 1,8 Tonnen backen. An dieses Ereignis knüpft das jährlich im Dezember in Dresden stattfindende Stollenfest an.

Natürlich werden Stollen auch im Rest des Landes gebacken. Etwa in Dreieich-Sprendlingen in Hessen von meinem Vater. Und auch die enthalten alles, was einen perfekten Stollen ausmacht. Aber Dresdner Stollen darf sich seit der Wende nur nennen, was in der Sachsenhauptstadt und ihrer unmittelbaren Umgebung aus dem Ofen kommt, ganz bestimmte Zutaten enthält, sich unterschiedlichen Prüfungen stellt und damit zu Recht das Siegel der Schutzgemeinschaft Dresdner Stollen e.V.

trägt – sonst heißt er Butterstollen, Traditionsstollen oder schlicht Christstollen. Dresdner Stollen ist weltweit ein Verkaufsschlager, mit Einfluss in die höchsten Kreise. So soll sich Wladimir Putin, der in den Jahren 1985 bis 1990 als Agent in der Dresdner Filiale des sowjetischen Geheimdienstes KGB beschäftigt war, dort in den Dresdner Stollen verliebt haben. Schließlich besuchten auch die Geheimdienstler zur Weihnachtszeit den Striezelmarkt und ließen sich durch die Kollegen von der Stasi mit Stollen beliefern.

Wieder daheim, hätte er sich zwar auch ein Stollenpaket liefern lassen können, aber Putin, so schreibt die Autorin Heidrun Hannusch in der *Zeit,* »ging die Sache ganz anders an. Sagen wir mal: nach Zarenart«. 2003 forderte die russische Botschaft bei verschiedenen Dresdner Bäckern Stollenproben an, bevor ein großer schwarzer Wagen in der Wurzener Straße in Dresden-Pierschen vor dem Laden von Bäcker Johannes Scholze hielt. Er erinnert sich: »Drei Männer stiegen aus, kamen in die Bäckerei und sagten: ›Es gibt in Moskau einen Mann, der mehrere Jahre in Dresden gelebt hat. Und er hat einen Wunsch.‹ Ob er, Scholze, seinen Stollen auch in Moskau backen wolle?« Natürlich hatte man den Bäcker davor auf Herz und Nieren überprüft. »Die wussten schon vor unserem Gespräch mehr über mich als ich selbst.« Ein Jahr später eröffnete er eine Zweigstelle in Moskau, die jahrelang die Kantine der Duma belieferte, in der natürlich auch Putin verköstigt wurde. Bis, so vermutet man, durchsickerte, dass Putin hinter dem Stollencoup steckte, und der Auftrag storniert wurde. Vermutlich, weil so eine brennende Stollenleidenschaft nicht zum Image des supercoolen *Bad Boy* passt.

Auch die Liebe der Briten zum Stollen made in Germany ist verbürgt. In Großbritannien findet das Gebäck bei der einen Hälfte der Bevölkerung so reißenden Absatz, dass die andere sich große Sorgen macht, es könne sich beim Stollen wie beim Riesen-Bärenklau oder dem Japanischen Staudenknöterich um einen *alien invader* handeln: um einen Einwanderer, der heimische Produkte wie den *mince pie* verdrängt. »Die Deutschen haben unser Weihnachten gestohlen!«, klagte die *Daily Mail* schon, und nicht wenige murmeln etwas von »Blitzkrieg«. Vielleicht müssen die Engländer deshalb im Urlaub so zwanghaft gerade Deutschen mit ihren Handtüchern die Poolliegen im Mittelmeerraum wegreservieren (nein, es ist nicht umgekehrt, wie eine Umfrage des britischen Urlaubsportals TravelSupermarket belegt). Sollten Sie sich wieder einmal darüber ärgern, dass Sie Ihr Handtuch fünf Kilometer vom Wasser entfernt ausrollen müssen, denken Sie einfach daran: Wir haben Weihnachten, die Briten bloß eine billige Revanche.

Vielleicht nehmen sie aber auch übel, dass es ausgerechnet ein Deutscher war, der den königlichsten aller britischen Weihnachtsnachtische auf den Menüplan des Festes brachte: König Georg I., ein Hannoveraner auf Englands Thron. Er langte jedenfalls tüchtig zu, als man ihm nach seiner Ankunft zu seinem ersten englischen Weihnachtsfest die heimische Delikatesse auftischte, und erklärte den Plumpudding zum »Christmas Pudding«. Das Rezept ist erhalten: 2¼ kg fein gehacktes Nierenfett, ½ kg Eier, ½ kg Trockenpflaumen, entsteint und halbiert, in lange Streifen geschnittene Orangen- und Zitronenschalen, kleine Rosinen, Korinthen, Sultaninen, gesiebtes Mehl, Zucker, braune Brotkrumen, 1 TL Gewürzmischung, eine halbe geriebene Muskatnuss, 2 TL Salz, ½ l »neue Milch«, der Saft einer halben Zitrone und »ein sehr großes Weinglas Weinbrand« (Roger Highfield, *Können Engel fliegen?).* Charles Dickens brachte diese im Wasserbad gekochte ernährungsphysiologische Katastrophe mit seinem 1893 veröffentlichten *A Christmas Carol* noch einmal verstärkt ins Weihnachtsbewusstsein. Der Pudding gehört seitdem einfach dazu. Und deshalb ist ihm auch kein Weg zu weit. Nicht mal die 16 000 Kilometer zu den Wissenschaftlern, die an der British Antarctis Survey beteiligt sind und Weihnachten oft 1900 Kilometer vom nächsten Basislager entfernt verbringen müssen.

In Deutschland hat sich der Pudding nicht durchgesetzt. Das mag daran liegen, dass er hierzulande, wie Wolfgang Koydl in der *Süddeutschen Zeitung* schreibt, »auch im fertigen, gekochten Zustand an die zusammengepappten Überreste eines zerfetzten Autoreifens erinnert; ein Eindruck überdies, der sich beim mühsamen Verdauungsprozess eher verstärkt denn abschwächt«. Seinem Geburtshelfer ist der Christmas Pudding auch nicht sonderlich gut bekommen. George – der England von 1717 bis 1724 regierte – soll sich buchstäblich zu Tode gefressen haben. Nicht allein an Pudding natürlich, aber sicher war der mit dem ein oder anderen Löffelchen am Ergebnis beteiligt. Vielleicht hat George einfach nicht die Münze gefunden, die traditionell im Christmas Pudding versteckt wird und demjenigen Glück bringen soll, der sie entdeckt.

Ein Brauch, den es so oder so ähnlich auch in anderen Ländern gibt. In Dänemark etwa, wo man eine Mandel im typischen Weihnachtsdessert – dem *risalamande* (»Mandelmilchreis«) – versteckt. Oder in Frankreich, wo gleich der ganze Nachtisch Glück bringen soll: die *bûche de Noël* (»Weihnachtsscheit«), eine mit Schokolade überzogene Biskuitrolle in Form eines abgesägten Baumstamms. Sie erinnert an den Brauch, an Heiligabend einen dicken Holzscheit langsam im Kamin verbrennen zu lassen und später die Asche auf einem Feld zu verstreuen. Das sollte eine gute Ernte bringen. In Italien ist der Weihnachtskuchen – der fluffig-lockere *panettone* – sowieso reinste Medizin. Man hebt sich traditionell eine Scheibe auf, um sie am 3. Februar zu essen, dem Tag des heiligen Blasius, Schutzpatron der Ärzte. Schadet sicher nicht, zumal das italienische Gesundheitssystem jede Unterstützung brauchen kann, die es bekommt. In Australien und Neuseeland sorgt das Weihnachtsdessert schon deshalb für Gesundheit, weil die *pavlova,* ein Riesenbaiser, üppigst mit Früchten belegt wird. Benannt ist sie nach der russischen Ballerina Anna Pavlova, die in den 1920er-Jahren in beiden Ländern Gastauftritte hatte. Angeblich, weil das Baiser leicht »wie die Pavlova« sei. Nicht in jedem Fall aber ist ein Weihnachtskuchen eine feine Sache. In Japan etwa bezeichnet man Frauen, denen es nicht gelungen ist, beizeiten unter die Haube zu kommen, als solchen. Sie haben – wie ein Weihnachtskuchen im Februar – gründlich den Termin verpasst, an dem sie noch genießbar gewesen wären. Ja, das ist trostlos und ein eklatanter Verstoß gegen das erste Gebot der Weihnachtsbäckerei: hauptberuflich die schönsten Gefühle zu wecken.

Das gelingt nur einem Essen, das keine weitere Aufgabe zu erfüllen hat, als reichhaltig und lecker zu sein und nicht nur den Körper, sondern auch die Seele zu nähren. Auch mit einem weiteren Ensemblemitglied der Weihnachtsbäckerei: dem Marzipan. Etwa in Form von Bethmännchen: kleine Kugeln aus einer Marzipanmasse, die mit jeweils drei halbierten Mandeln verziert, mit Eigelb glasiert und gebacken werden. Angeblich soll sie der Pariser Konditor Jean Jacques Gautenier 1838 erfunden haben. Er war Küchenchef im Haus des Frankfurter Bankiers und Ratsherrn Simon Moritz von Bethmann und verschaffte den Marzipankugeln Familienanschluss, indem er für jeden Sohn des Hauses eine Mandelhälfte an die Kugel drückte, anfangs vier an der Zahl. Nach dem Tod des Bethmann-Sohns Heinrich verblieben nur noch drei Mandelhälften. Die Wirkung der Bethmännchen – in seinen Anfängen wurde Marzipan als Medizin gegen Nervosität verschrieben – dürfte beim heutigen ernährungsphysiologischen Wissensstand allerdings verpuffen. Immerhin bringt es die »kleine« Sünde auf 500 Kalorien pro hundert Gramm.

Andererseits handelt es sich bei den weihnachtlichen Köstlichkeiten nicht nur um sehr lohnende Kalorien, sondern eben auch um psychologische Sättigung. Nicht umsonst wird der Weihnachtsmann von aller Welt nicht etwa mit Selleriestangen und Kokoswasser versorgt, sondern zum Beispiel mit Kuchen und Sherry, wie etwa in Schweden. Die Amerikaner bestechen ihn mit Milch und Keksen. Vermutlich aus dem sehr richtigen Gedanken heraus, dass bei all dem Aufwand, den Weihnachten verursacht, es doch ziemlich blöd wäre, wenn man sich auch noch wegen der Kalorien stressen würde, die man gerade jetzt dringend als Nervennahrung braucht. Zu viel Selbstkontrolle könnte der Feiertagsstimmung ohnehin abträglich sein, wie ein Experiment von Ellen Bratslavksy und Roy Baumeister von der Case Western Reserve University in Cleveland zeigt. Demnach kann man nur auf einem Gebiet viel Selbstbeherrschung aufbringen, und je mehr man da investiert, umso mehr fehlt sie in einem anderen Bereich. Der üppige Weihnachtsschmaus, ob nun an Heiligabend oder am ersten Weihnachtsfeiertag, ist also letztlich nur eine – vielleicht die beste – Methode, genau jenen »Frieden auf Erden« zu schaffen, von dem schon im Lukasevangelium die Rede ist. So oder so, zu einem gelungenen Fest gehört das beherzte Zuviel des Guten. Und es braucht Mitesser. Denn Weihnachten ist auch Überlebenshilfe für eine so enorm wichtige Tradition: das gemeinsame Essen als Versicherung, dass wir nicht allein sind.

Lasst uns froh und munter sein

Egal, wie abschreckend unweihnachtlich das Wetter wieder einmal so tut, als wüsste es nicht, dass wir Winter haben. Es geht nicht ohne: Wenigstens einmal pro Saison besucht die Familie den Frankfurter Weihnachtsmarkt. Wir nehmen Kalorien im Gegenwert einer Buttercremetorte zu uns und konsumieren Getränke, die wir den Rest des Jahres meiden. Wegen akuter Brummschädelgefahr und weil sie den Straftatbestand der Geschmacksnervenbeleidigung erfüllen. Also wenigstens der erste Glühwein. Beim zweiten zieren sich die Geschmacksknospen dann schon nicht mehr so. Dann ist man sowieso in bester Weihnachtsstimmung, findet die Buden und den ganzen Rummel hinreißend, die 33 Meter hohe Fichte, die bei Tag aussieht, als bräuchte sie dringend ein Zweigspendenkonto, im Glanz ihrer 5600 Lichter fabelhaft. Ebenso wie den Dunst aus Bratwurst-, Räucherkerzen-, Gebrannte-Mandeln- und Punsch-Gerüchen.

Man könnte noch ein drittes alkoholisches Getränk nehmen. Dann würde man vielleicht sogar der »Last Christmas«-Endlosschleife etwas abgewinnen, anstatt sich zu fragen, was eigentlich mit »O du fröhliche«, mit »Stille Nacht« ist. Streiken die gerade? Ausgerechnet jetzt? Und keine Angst: Umfallen wird man hier nicht. Dafür ist es in den Menschenmassen rund um die vielen Buden viel zu eng. Weihnachtsmärkte sind beliebt wie nie. Nicht nur bei Taschen- und Trickdieben, die in Europa von einem Weihnachtsmarkt zum nächsten reisen. Nicht umsonst wird der Weihnachtsmarkt auch »Das Wacken der Büroangestellten« genannt. Ganze Betriebsweihnachtsfeiern und After-Work-Partys werden hier mittlerweile abgehalten. Wo so eine imposante Nachfrage ist, da wächst auch das Angebot. Mehr als 2500 Weihnachtsmärkte soll es in Deutschland geben. Tendenz steigend.

Dennoch geht ein Weihnachtsmarktrekord nach Österreich. Denn dort findet man den ältesten der Welt, in Wien. Bereits im Jahr 1296 erhielten Händler dort das Privileg, einen »Dezembermarkt« abhalten zu dürfen, um die Versorgung der Wiener sicherzustellen. Um den Titel »ältester Weihnachtsmarkt Deutschlands« stritten jahrelang Dresden und Bautzen. Bis das Rekord-Institut für Deutschland (ja, so etwas gibt es) befand, dass der Dresdner Striezelmarkt »Deutschlands ältester beurkundeter Weihnachtsmarkt« sei und der Bautzener Wenzelsmarkt »Deutschlands ältester in einer Chronik genannter Weihnachtsmarkt«. Meint: Für Bautzen ist 1384 der erste winterliche Fleischmarkt in den Annalen vermerkt, Dresden hat eine Urkunde von 1434, die das Abhalten eines Fleischmarktes auch am »Heyligen Christs Abendt« erlaubte, womit erstmals die Verbindung von Weihnacht und Markt amtlich wurde. Der Dresdner Striezelmarkt ist einer der beliebtesten und bedeutendsten Deutschlands. Neben Striezelständen, XXL-Weihnachtspyramide und -Adventskalender zählt vor allem der »Pflaumentoffel« zu seinen Markenbotschaftern. Ein Mini-Schornsteinfeger aus Backpflaumen, der an die sieben- bis achtjährigen Waisenkinder erinnern soll, die als »Schlotfegerjungen« durch die hohen und engen Essen und Schlote städtischer Bürgerhäuser geschickt wurden. Viele notleidende Familien bastelten zu Hause Pflaumentoffel, und die Kinder verkauften sie als weihnachtliche Glücksbringer, Schmuck und auch Nascherei bei Wind und Wetter, bei Dunkelheit, Nässe und Kälte zwischen den Buden. Das sorgte für so viel Mitleid und Unmut, dass man diese Kinderarbeit 1910 verbot. Kann durchaus sein, dass auch heute noch an diesem oder jenem Weihnachtsartikel aus Fernost Kinder mitgearbeitet haben. Aber sie tun es freundlicherweise weit genug entfernt, um die schöne Illusion von einer guten Budenwelt voller fair hergestellter Produkte nicht zu stören.

Mit über zwei Millionen Besuchern jährlich gehört auch der Nürnberger Christkindlesmarkt zu den größten und populärsten Märkten. Sein ältester schriftlicher Existenznachweis befindet sich auf dem Boden einer neunzehn Zentimeter langen, ovalen und mit Blumen bemalten Spanschachtel aus Nadelholz. Dort steht mit schwarzer Tinte geschrieben: *Regina Susanna Harßdörfferin von der Jungfrau Susanna Eleonora Erbsin (oder Elbsin) zum Kindles-Marck überschickt 1628.* Der originale Inhalt bestand aus zwölf Seidensträngen unterschiedlicher Stärke, die wohl zum Kauf angeboten wurden. Der Markt wuchs sich schnell aus. Aus wenigen Markttagen vor Weihnachten wurden bald Wochen, bis der Budenverkauf alljährlich am Barbaratag, dem 4. Dezember, begann und so ziemlich alle Nürnberger Handwerker dort vertreten waren.

Seine größte Attraktion verdankt der Christkindlesmarkt ausgerechnet den Nationalsozialisten. Ihnen lag des »Deutschen Reiches Schatzkästlein« besonders am Herzen. Für Hitler, schreibt der Journalist Egon Fein in seinem Buch *Hitlers Weg nach Nürnberg*, sei die Stadt »der Inbegriff des unverfälschten Deutschtums« gewesen. Hier hielt er am 1. August 1920 seine erste Rede, schimpfte beim Bund deutscher Kriegsteilnehmer über den »Schandfrieden« von Versailles. Der damalige Oberbürgermeister Willy Liebel (NSDAP), der sich dem »altdeutschen Brauchtum« sehr verpflichtet fühlte, sorgte 1933 schließlich dafür, dass der Nürnberger Weihnachtsmarkt, der über vierzig Jahre an anderen Standorten stattgefunden hatte, wieder auf den angestammten Hauptmarkt, der damals Adolf-Hitler-Platz hieß, zurückkehrte. Und es wurde eben jene Neuerung eingeführt, die bis heute fortbesteht: die Eröffnungszeremonie durch ein leibhaftiges Christkind, das damals von einem Mitglied des Nürnberger Stadttheaters dargestellt wurde. Das Christkind trug einen Prolog vor und eröffnete mit »Deutschland ist erwacht!« und »An dieser hehren Stätte, die Deutschlands Führer weihten« das vorweihnachtliche Treiben in der Stadt der Reichsparteitage. Bis 1938 blieb der Weihnachtsmarkt das trojanische Pferd für tiefbraune Deutschtümelei. Danach wäre es nicht mehr sehr klug gewesen, den Alliierten mit Lichterglanz auch noch den Weg zu weisen. Verdunkelung war angesagt.

Erst 1948 fand der nächste Christkindlesmarkt statt. Mit der Schauspielerin Sofie Keeser als Christkind, die diese Rolle bis Anfang der 1960er-Jahre ausfüllte und einen neuen, politisch unbedenklichen Prolog aufsagte. Verfasst hatte ihn Friedrich Bröger, damals Chefdramaturg des Theaters und Sohn des Arbeiterdichters Karl Bröger. Dieser Prolog ist – mehrfach überarbeitet und der Zeit angepasst – dem Markt bis heute erhalten geblieben. Seit 1969 wird die Stelle des Christkinds nicht mehr mit einer Schauspielerin besetzt, sondern alle zwei Jahre neu ausgeschrieben. Bewerben können sich Nürnbergerinnen zwischen sechzehn und neunzehn Jahren, die mindestens 1,60 Meter groß sein sollten, schwindelfrei, wetterfest und überhaupt ziemlich strapazierfähig. Zum einen, weil das Christkind, mit einem Seil auf der Empore der Frauenkirche gesichert, den Prolog vor 20 000 Besuchern vorträgt. Zum anderen, weil es in Kindergärten, Behinderten- und Seniorenheimen sowie Krankenhäusern Weihnachtsstimmung verbreiten soll. Da kommen während der Adventszeit schon mal bis zu 170 Termine zusammen. Dabei trägt das Christkind auf seiner üppigen Lockenprachtperücke eine ein Kilo schwere Krone, gewichtiger Teil des Rauschgoldengelkostüms, einer stilistischen Vermendelung des katholischen Verkündigungsengels und des lutherischen Christkinds. Der Legende nach soll es der angesehene Puppenmacher Balthasar Hauser aus Nürnberg gewesen sein, der nach dem Dreißigjährigen Krieg zum ersten Mal einen solchen Rauschgoldengel entworfen hat. Als symbolisches Andenken an seine verstorbene Tochter Anna und nachdem er Flügelschlagen gehört hatte, als sein Kind mit dem Tod kämpfte. Die damals dafür verwendete Folie aus hauchdünn geschlagenem Messing – Rauschgold genannt – prägte sich dann als Name ein.

Obwohl man als Nürnberger Christkind alles andere als eine beschauliche Vorweihnachtszeit hat, ist die Aufgabe heiß begehrt. Vielleicht auch wegen der Auslandseinsätze. Das Christkind besucht als Botschafterin Nürnbergs Weihnachtsmärkte anderer Städte. So wird etwa das »Christmas Village« in Philadelphia, das 2008 nach dem Nürnberger Vorbild entstand, vom jeweiligen Nürnberger Vorjahreschristkind mit dem Prolog auf Englisch eröffnet. Auch in Nürnbergs schottischer Partnerstadt Glasgow ist das Christkind als Repräsentantin regelmäßig zu Gast. Umgekehrt hat der Nürnberger Weihnachtsmarkt eine eigene Abteilung für seine Partnerstädte auf dem Rathausplatz nördlich des Hauptmarkts. Es gibt unter anderem Stände aus den Partnerstädten Antalya (Türkei), Atlanta (USA), Charkiw (Ukraine), Córdoba (Spanien), Gera (Thüringen), Hadera (Israel), Kalkudah (Sri Lanka), Kavala (Griechenland), Krakau (Polen), Nizza (Frankreich), Prag (Tschechien), San Carlos (Nicaragua), Santiago de Cuba (Kuba), Shenzhen (China), Skopje (Mazedonien), Venedig (Italien), Verona (Italien), Bar (Montenegro), Brašov (Rumänien) und Nablus (Palästina). Eine ergiebige Geschenkequelle und ein zumindest kommerziell höchst erfolgreicher Beitrag zur Völkerverständigung.

Es weihnachtet eben doch nicht überall gleich. Auch wenn allerorten die Reibekuchen- und die Würstchenbude, der Flammlachs, der Glühwein- und der Maronenstand, die Lebkuchen, die Tanne, ein Kinderkarussell und mindestens eine Krippe in Übergröße zur serienmäßigen Ausstattung gehören, hat jeder Weihnachtsmarkt so seine eigenen Schauwerte. Es gibt einen schwimmenden Weihnachtsmarkt im bayerischen Vilshofen, der auf einem Personenschiff abgehalten wird, und einen in der ostfriesischen Hafenstadt Emden, bei dem sich die Attraktionen auf etliche Museumsschiffe und Traditionssegler verteilen. Es gibt einen »erotischen« mit dem wegweisenden Namen »Santa Pauli«, der auf der Reeperbahn stattfindet und nach Selbstauskunft der »geilste Hamburgs« sein soll. Mit Strip-Zelt statt Märchenhütte und Dildo statt Räuchermännchen. Dem Himmel am nächsten ist der Christkindlmarkt auf der Zugspitze auf fast 3000 Metern Höhe und einer der besinnlichsten vermutlich der Mittelaltermarkt in Siegburg. Hier wird nämlich die Zeit bis weit vor der Erfindung der Glühbirne zurückgedreht.

Da sich die Weihnachtsmärkte in den letzten Jahren als überaus gewinnbringend erwiesen haben, aber auch, weil viele mit dem zunehmend standardisierten Rummel immer weniger anfangen können, spezialisiert sich das Angebot immer mehr. So residieren bundesweit längst auch schwul-lesbische Christmas-Hotspots im vorweihnachtlichen Eventkalender. Solche, wie der Rosa Weihnachtsmarkt auf dem Frankfurter Friedrich-Stoltze-Platz. Hier leuchtet alles in Pink, sogar die Weihnachtsbäume. Man kann rosa Weihnachtsmützen kaufen, die fast vier Meter hohe Feuerzangenbowle bestaunen, rosa Weihnachtspunsch, Rosé-Champagner und natürlich Frankfurter Apfelglühwein trinken und etwas gehobener essen: Bio-Suppen etwa. Einen Weihnachtsmarkt für Hunde hat Frankfurt bislang noch nicht, obwohl doch »des Pudels Kern« hier erfunden wurde. Den findet man aber in Köln, Lüneburg, Hamburg und auch in Berlin. Sie offerieren Hundekörbe aus Filz, Hundedecken und -mäntel, selbst gebackene Hundekekse oder Leckerli in der Geschmacksrichtung »Rehragout«. Was ja irgendwie zumindest winterlich ist.

Natürlich hat der Vegan-Trend auch vor dem Weihnachtsmarkt nicht haltgemacht, und man amüsiert sich längst nicht nur in Hannover »weihnachtlich, festlich, tierrechtlich«. Ein riesiges Ohne-Angebot, darunter Lebkuchen ohne Honig und Ei und natürlich Bratwurst ohne Fleisch, ist in Berlin, Aschaffenburg, Dresden, Duisburg, Düsseldorf, Hamburg, Koblenz, Krefeld, Leipzig und Würzburg zu haben. Damit auch wirklich kein Bedürfnis offenbleibt, hat sich in Berlin der Anti-Christmas Market etabliert. Die Veranstalter, das internationale Künstlerkollektiv ESDIP, will »unbekannte Handwerker, Künstler und Geschäfte fördern« und einen Ort für diejenigen schaffen, die sich gegen den »Konsum, Exzess und Kommerz« zu Weihnachten stellen, aber dennoch etwas Hübsches kaufen wollen. Nur eben bewusster und mit total viel ironischer Distanz. Rund zwanzig einheimische Designer und Künstler präsentieren ihre handgefertigten Produkte – von Mode und Schmuck über Platten und Bücher bis zu Drucken, Kunst und Fotografie. Man isst und trinkt auf dem Anti-Christmas Market – selbstverständlich – vegan. Selbst der Glühwein ist »ohne Gelatine geklärt«.

Undenkbar, auf Glühwein zu verzichten. Trotz eines überreichen Angebots an Alternativen an den Weihnachtsmarktgetränkeständen: Feuerzangenbowle, Jagertee, Grog, Eierpunsch und auch Cocktails, die der große Alkoholgott eigentlich kalt gedacht hat, die aber, einfach weil Winter ist, heiß in der Weihnachtsmarkttasse landen. Aber sie sind nur Statisten, zweite Wahl. Fehlt der Glühwein, fehlt dem Weihnachtsmarkt ein Grundnahrungsmittel. Etwa seit dem Mittelalter galt die Grundrezeptur – eine Mixtur aus Rotwein, Sternanis, Kandis, Zitronenscheiben, Nelken – als Medizin und ein Pro-Kopf-Verbrauch von einem Liter pro Tag als normal. Ob aber das, was heute so auf

Weihnachtsmärkten ausgeschenkt wird, gesundheitsfördernd ist, kann man nicht mit Sicherheit sagen. Oft ist von dem, was der Glühwein mit Weinen guter Qualität und Bio-Produkten sein könnte, nur eine Ahnung übrig geblieben. Der Großteil der rund fünfzig Millionen Liter, die Deutsche pro Jahr laut einer Schätzung trinken, hat eher Ballermann-Qualität. Kein Wunder, bei einem Wein, der oft – wie Insider munkeln – bloß dreißig Cent pro Liter kostet und den Glühweinverkauf zu einem höchst einträglichen Geschäft macht.

Denn auch das ist der Weihnachtsmarkt: ein potemkinsches Dorf des schönen Scheins. Hinter den idyllischen Kulissen aus Tannenzweigen, Lichterketten und »Süßer die Glocken nie klingen« boomt das ganz große Christmas-Business. 2,5 Milliarden Euro Umsatz generieren die Weihnachtsmärkte in Deutschland mit ihren insgesamt 270 Millionen Besuchern aus dem In- und Ausland. Nicht bloß mit toller Weihnachtsstimmung, handgewerkeltem Baumschmuck aus dem Erzgebirge und regionalen Köstlichkeiten, sondern auch mit Menschen, die zu Dumpinglöhnen hergestellte Billigwaren aus China verkaufen und Fast Food von zweifelhafter Qualität über den Budentresen reichen. Deshalb gehört auch das zum alljährlichen Ritual: die totale Verrummelung dieser Institution zu beklagen, den Abstieg in niederste Kirmesabgründe. Zu Recht, einerseits. Andererseits bezahlen einem ein paar selbst gestrickte Handschuhe längst nicht die teuren Standmieten. Außerdem gilt auch hier: Augen auf. Beim Einkauf wie beim Essen bestimmt ja immer noch die Nachfrage das Angebot.

Sollten die angetrunkenen Menschenmassen, die galoppierende Reibekuchenpommescurrywurst-Inflation, die Strohsterne aus Plastik, der süßliche Fuselgeruch vom Getränkestand und der zarte Urinduft der Nierenspießchen einmal wieder die Frage aufwerfen, was genau das alles eigentlich mit Weihnachten zu hat, hilft einem vielleicht der verklärte Blick aus dem Ausland auf den deutschen Weihnachtsmarkt. Dort gilt er als *wonderful christmassy* und damit als Inbegriff für all das, was schön ist am Fest. Oder, wie es der Deutschland-Korrespondent der britischen Tageszeitung *The Times* in einer Kolumne formulierte: »Wir sollten den Deutschen dankbar sein, weil sie uns Briten und anderen Europäern gezeigt haben, wie man Weihnachtstage gesund übersteht, wie man der beengenden Gefangenschaft mit begriffsstutzigen Verwandten und überdrehten Kindern entflieht. Denn die Deutschen haben den Weihnachtsmarkt erfunden, der eine ausgewogene Mischung aus öffentlichem und privatem Fest ist.« Sein Heimatland dagegen hätte, »wie viele andere Länder Westeuropas das Gespür für ein richtiges Weihnachtsfest verloren«.

»Jetzt suchen«, so Roger Boyes weiter, »die Briten in Deutschland nach der verloren gegangenen Zeit des 19. Jahrhunderts, als Großbritannien größer und gemütlicher war.« Doch eigentlich brauchen sie dafür nicht mal mehr nach Deutschland zu reisen. Praktisch überall auf der Welt sind Weihnachtsmärkte made in Germany mittlerweile fester Bestandteil des adventlichen Eventprogramms, und man kann längst auch in Italien, in den Niederlanden, in Japan ebenso gut Stollen und gebrannte Mandeln, Nussknacker aus dem Erzgebirge und Printen aus Aachen kaufen, Bratwurst essen und Glühwein trinken wie in Leipzig oder Augsburg. Sogar in der kambodschanischen Hauptstadt Phnom Penh gab es im letzten

Jahr einen »echten deutschen Weihnachtsmarkt«. In den USA werden deutsche Weihnachtsmärkte unter anderem in Chicago, Pittsburgh, Baltimore, New York und Denver veranstaltet. In China findet auf dem Expo-Gelände in Shanghai seit einigen Jahren der Weihnachtsmarkt »Wintermärchen Hamburg« statt. Eine Gebrauchsanweisung wird gleich mitgeliefert: »Weihnachten ist das wichtigste aller Feste in Deutschland. Es ist, wie das chinesische Neujahr ein wichtiger Tag für die ganze Familie. Er versprüht besinnliches Flair und lädt zum gemächlichen Bummel ein.«

Meist stehen die Weihnachtsmärkte bei ihrem Auslandseinsatz unter der Schirmherrschaft der jeweiligen Partnerstädte. So »schenkte« Frankfurt am Main etwa der britischen Partnerstadt Birmingham eine Kopie seines eigenen, eines der ältesten hierzulande. Die Veranstaltung war so erfolgreich, dass der »German-style market« in Serie gegangen ist. Selbst im Jahr des Brexits sollte an Weihnachten alles möglichst typisch deutsch sein: Glühweinduft, Holzhütten, Kräuterbonbons, Lebkuchenherzen mit »Ich liebe Dich« oder »For the best friend«, Bratwürstchen, die hier der Einfachheit halber als »red sausage« oder »white sausage« verkauft werden. Mehr als fünf Millionen Menschen besuchten den Markt, das sind zwei Millionen mehr, als sein Original zu verzeichnen hat. Damit war dieser Weihnachtsmarkt wieder einmal der größte außerhalb Deutschlands. »We love the Frankfurt Christmas market«, hieß es jedes Mal, wenn ein Mikrofon in der Nähe war, und dass das hier »the real Christmas« sei. Was immer der Brexit aus dem Markt macht. Es gibt ja immer noch die Möglichkeit, an die Quelle von Bratwurstturm und singendem Elch zu reisen. Und sie wird weidlich genutzt. »Die Weihnachtsmärkte im Ausland machen die Menschen neugierig auf das Original«, heißt es in der Deutschen Zentrale für Tourismus. Das schlage sich auch in der stetig wachsenden Zahl von Besuchern nieder, die in der Adventszeit nach Deutschland strömen, als wäre jetzt zweimal im Jahr Oktoberfest.

Ob das immer noch so gut funktioniert, wenn der Weihnachtsmarkt zum Wintermarkt umgetauft wird? Auch diese Diskussion begleitet den Weihnachtsmarkt mittlerweile so zuverlässig wie der Lotsenfisch den Hai. Stets bringt sie die Gemüter in null Komma nichts auf die höchsten Tannenspitzen. Dabei führen die Veranstalter durchaus plausible Gründe an. Etwa, dass ihr Markt weit über den Heiligen Abend hinaus in die Verlängerung geht, bis Ende Dezember oder sogar – wie der Wintermarkt am Münchner Flughafen – bis Anfang Januar währt. Es sei außerdem ehrlicher, so wird argumentiert. Jedenfalls, wenn die Traditionsstände mit Weihnachtsschmuck und die Krippen immer mehr den Umsatzbringern, den Essens- und Trinkständen, weichen, nicht mehr Hauptdarsteller, sondern allenfalls noch Komparsen sind. Und geht nicht etwa der Kreuzberger Wintermarkt einfach nur sehr konsequent an die Ursprünge der Weihnachtsmärkte zurück: kein Engel, kein Stern, kein Baum, keine Krippe? Und überhaupt: Solange es noch Nachwuchskräfte wie etwa den zauberhaften kleinen Sachsenhäuser Weihnachtsmarkt beim Frankfurter Goetheturm am Stadtwald gibt, braucht man sich um die Fortsetzung des Marktes mit seinen erprobten Mitteln keine Sorgen zu machen. Und noch eine Beruhigung für alle, die den Untergang des Abendlands wittern, bloß weil nicht allem, was im Dezember passiert, gleich ein Weihnachts-Branding verpasst wird: »Es hat noch nie so viele Bräuche gegeben wie heute«, so der Regensburger Kulturwissenschaftler Daniel Drascek. Wir selbst schaffen ja ständig neue »Haltepunkte im Zeitenstrom«. Übernehmen Bewährtes, variieren Altes und erfinden Neues, das aussieht, als wäre es noch älter als der Nikolaus selbst. Das Ergebnis dieser einmaligen Mischung heißt »Weihnachtsmarkt«. Es hat einen harten Kern und eine flexible Randzone und konnte schon immer beides: gleichzeitig Massenartikel und einmalig sein, zum Niederknien und ziemlich nervig. Wobei zwei Glühwein mindestens, Reibekuchen *und* eine Thüringer Rostbratwurst immens hilfreich dabei sind, ihn alle Jahre wieder ins Herz zu schließen.

O Tannenbaum

Ihm gefalle das Fest durchaus. Die ganze Dekoration, das Beschenken, die großen Essen mit der gesamten Familie. Bloß eine Sache verstehe er nicht, sagt mein türkischer Freund mit Blick auf all die abgenadelten Elendsgestalten am Straßenrand. »Was soll das? Wieso gibt man so viel Geld für etwas aus, von dem man weiß, dass es nach ein paar Tagen schon auf dem Müll landet?« Ganz einfach. Weil es sich mit Weihnachtsbäumen verhält wie mit Hochzeitskleidern: Ihre Pracht ist nur für den einen Moment gedacht, und gleichzeitig stehen sie für das Fest schlechthin. Für große Gefühle, maßlose Verzuckerung, Kindheitserinnerungen und die ewige Sehnsucht nach Frieden auf Erden, wenigstens einen Abend lang.

Allein in Deutschland werden jährlich rund dreißig Millionen Weihnachtsbäume verkauft. Zu achtzig Prozent Nordmanntannen. Sie sind die beliebtesten Weihnachtsbäume hierzulande. Benannt wurden sie nach dem finnischen Biologen Alexander von Nordmann, der die Art 1835 im Kaukasus nordöstlich von Borshomi im heutigen Georgien entdeckte. Die Nordmanntanne ist das

Topmodel unter den Weihnachtsbäumen: gerader Wuchs, glänzende, tiefgrüne, nicht stechende Nadeln, die sie gern bei sich behält. Aber auch die Küstentanne, die Blaufichte, die Edeltanne, die Douglasie und die günstige Rotfichte findet man in deutschen Wohnzimmern. Und auch mal eine zwei Meter hohe Hanfpflanze, wie sie Drogenfahnder vor einiger Zeit im Westerwald entdeckten. Auch eine Methode, den Weihnachtsbaum aufs Innigste mit der Bescherung zu vermendeln.

Eine geschmückte Tanne wird überall erkannt und bringt eine Ahnung von Weihnachten selbst dorthin, wo seine religiöse Botschaft keine Bedeutung hat, etwa in die Einkaufspassagen von Saudi-Arabien oder in die Lobbys chinesischer Luxushotels. Sie ist der Schlüsselreiz, an dem sich die kollektiven Weihnachtsgefühle entzünden, so sehr, dass man in der DDR Weihnachten schon mal gleich ganz in »Fest des Tannenbaums« umtaufen wollte. Nur einer von vielen Versuchen, Weihnachten auch als »Fest des Friedens« von allem Christlichen loszueisen. Religion war ja Opium fürs Volk und fiel also unter das Betäubungsmittelgesetz des real existierenden Sozialismus. Ebenso wie die Bezeichnung »Christbaum«, der nun »Schmuckbaum« heißen sollte. Aber vergeblich. SED-Chefideologe Kurt Hager beklagte sich noch 1982 in einem Gespräch mit Vertretern der Deutschen Kommunistischen Partei der Bundesrepublik: »Weihnachten haben wir längst verloren.«

Kleiner Trost: Am Weihnachtsbaum hatten sich schon die Nationalsozialisten die Zähne ausgebissen. »Jul-Baum« oder »Jul-Tanne« nannten sie ihren Versuch, das Fest seiner christlichen Elemente zu berauben und an seine vermeintlich heidnischen Wurzeln anzuknüpfen. Er scheiterte ebenso kläglich wie der »Sunnwendmann« – der von oben verordnete neue Name für den Nikolaus – und die Neubesetzung des Christkinds mit Frau Holle. Nur eines gelang: den Baum als legitimen Nachfolger des indogermanischen Lebensbaums in die unendlichen Weiten des Halbwissens einzuspeisen. Noch immer gibt es da dieses Gerücht, die Wurzeln des Christbaums lägen im heidnisch-germanischen Sonnenwendfest. Tatsächlich aber ist der Brauch, zu Weihnachten einen geschmückten Baum aufzustellen, deutlich jünger. Erstaunlich, wenn man bedenkt, wie viel Bedeutung an ihm hängt und wie tief er im gesamtdeutschen Gemüt verankert ist.

Lange vor dem ersten Tannenbaum hatte man bereits Tannenreisig zum Schmuck der Stuben und Ställe genutzt, um die blütenlose Zeit mit etwas Grünem zu überbrücken. Im 16. Jahrhundert wuchs sich dieses Bedürfnis auf ganze Bäume, auf Tanne, Fichte, Eibe, Buchsbaum aus. Das kleine Städtchen Sélestat südlich von Straßburg reklamiert für sich, offizieller Geburtsort des Weihnachtsbaums zu sein. Dort gibt es in der Bibliothek einen Rechnungsbeleg, demzufolge ein Bürger 1521 einem Förster vier Schillinge extra dafür zahlte, damit er ab dem 21. Dezember Christbäume »bewache«. Dagegen behauptet Riga, noch früher dran gewesen zu sein: 1510 habe dort bereits auf einem öffentlichen Platz eine Holzpyramide gestanden, die mit getrockneten Blumen, Früchten, Gemüse und Spielzeug geschmückt war und als »Baum« bezeichnet wurde. Zum 500. Jubiläum dieses Gerüchts meldete schließlich auch Tallinn Ansprüche an; dort sei schon 1441 ein Weihnachtsbaum vor dem Rathaus gesichtet worden. Wie auch immer – sicher ist: Laut dem Wörterbuch der Brüder Grimm wird das Wort erstmals 1642 in Straßburg in der Form *weynacht baum* erwähnt.

Am Anfang standen längst nicht alle Bäume auf dem Boden. Viele hingen auch von der Decke. Das sparte Platz, der Baum konnte nicht umfallen, und die Mäuse kamen nicht an den Schmuck, der vor allem aus Essbarem wie Äpfeln, Oblaten, Zuckerzeug bestand, aber auch aus sogenanntem Zischgold: dünnen Messingblechplättchen. Zu Epiphanie, der »Offenbarung der Göttlichkeit des Herrn«, also am 6. Januar, durften Kinder die Bäume plündern. Dass man Bäume überhaupt mit Dingen behängte, kannte man damals bereits vom »Paradiesbaum«, einem der Hauptdarsteller der spätmittelalterlichen Paradiesspiele am 24. Dezember, den Vorläufern der Christgeburts- und Krippenspiele. Der »Sündenfallbaum der Erkenntnis« wurde für seinen großen Auftritt auf der einen Seite mit Äpfeln bestückt, auf der anderen Seite mit »Leidenswerkzeugen« wie Dornenkrone und Kreuznägeln oder auch Rosen und am Weihnachtstag zur Veranschaulichung des Erlösungsgeschehens »abgeschüttelt«. Bald wurden die Äpfel durch weitere »paradiesische Elemente« wie (vergoldete) Nüsse, Gebäck, Papierblumen und anderes ergänzt.

So fern lag die Idee, einen Baum zu »schmücken«, also nicht. Aber auch wenn sich, so der Freiburger Theologe Stephan Wahle in *Das Fest der Menschwerdung,* ein »genealogischer Zusammenhang« nicht nachweisen lässt, »bietet der frühe Schmuck des Weihnachtsbaums Verbindungslinien zur Paradieserzählung und Weihnachtsgeschichte«. Und Rudolf Schenda schreibt in seiner *Geschichte des Weihnachtsbaumes:* »Wintergrün und Gabenbaum vereinen sich so auf glückliche Weise im frühen Christbaum.«

Eine Fusion, die sich im 17. und 18. Jahrhundert vor allem in den Städten schneller verbreitete als Schnupfen. Vorerst nur bei den evangelischen Familien, die Katholiken hielten noch bis Ende des 19. Jahrhunderts an der Krippe als weihnachtlichem Hauptdarsteller fest. So blieb ihnen mancher Zimmerbrand erspart. Denn bald wurde die Tanne mit Kerzen ausgestattet.

Am Weihnachtsbaum die Lichter brennen

Wer auch immer auf die Idee kam, den Baum mit Kerzen zu bestücken, schmort heute vermutlich in einer Hölle, in der man den ganzen Tag Lichterketten entwirren und herausfinden muss, welches der insgesamt 24 958 Birnchen nicht funktioniert. Man kann also für den Theologen Martin Luther nur hoffen, dass seine vermeintliche Urheberschaft ins Reich der Legenden gehört. Er soll bei einem Waldspaziergang um 1510 so inspiriert vom Glanz der Sterne am nächtlichen Himmel gewesen sein, dass er kurzerhand einen Baum mit nach Hause brachte und Kerzen daransteckte. Demnach würde er sich die Arbeit in der Lichterkettenabteilung der Hölle mit Herzogin Dorothea Sybille von Schlesien teilen, in deren Schloss hundert Jahre später tatsächlich der erste kerzengeschmückte Tannenbaum gesichtet wurde.

Noch einmal 200 Jahre später, 1816, führte die – protestantische – Prinzessin Henriette von Nassau-Weilburg, Gattin des Erzherzogs Karl von Österreich, den Brauch am Wiener Hof ein. Ihr Christbaum war von zwölf Kerzen erleuchtet. Eine für jeden Monat. »Christkindlbringerin« wird sie seitdem im Volksmund genannt.

Man kann durchaus behaupten, dass es die Frauen waren, die den Weihnachtsbaum groß gemacht haben. Denn wann immer eine deutsche Prinzessin ins europäische Nachbarland heiratete, so Stephan Wahle, brachte sie einen »Licht-, Schmuck- und Gabenträger« mit. In England führte Sophie Charlotte von Mecklenburg-Strelitz, Großmutter der Königin Victoria, das »weihnachtliche Symbol ›rechtgläubiger‹ Protestanten« ein, wo es sich als Must-have der besseren Kreise schnell auch außerhalb des Hofes verbreitete. Zum Flächenphänomen aber entwickelte sich die Tanne, nachdem in der Zeitschrift *Gartenlaube* ein Bild des preußischen Königs Wilhelm I. erschienen war, auf dem er während des Deutsch-Französischen Krieges 1870/71 in Versailles das Christfest unter einem Weihnachtsbaum feiert. Danach dauerte es nicht mehr lang, bis Auswanderer den Weihnachtsbaum in die USA importierten. 1891 wurde erstmals ein Lichterbaum vor dem Weißen Haus in Washington, dem Amtssitz des Präsidenten der USA, aufgestellt. 1912 fand sich auch in New York eine Tanne auf einem der öffentlichen Plätze.

Da hatte Thomas Edison die Glühbirne schon erfunden und Ralph Morris, ein amerikanischer Telefonist, die Lichterkette. Für deren rasante Verbreitung sorgte ein Gesetz: Weil auch in den USA dauernd irgendwo eine Wohnung, ein Haus oder wie 1885 in Chicago sogar ein ganzes Hospital Opfer eines durch Christbaumwachskerzen ausgelösten Brandes wurde, hatten amerikanische Versicherungen die Haftung für solche Schäden ab 1908 kurzerhand ausgeschlossen. In Deutschland dagegen fand man, dass der Duft von Echtwachskerzen den drohenden Zimmerbrand allemal wert sei. Schließlich: Wozu hatte der Leipziger Erfinder Anton Clemens Theodor Keitel 1872 den wackelfreien Kerzenhalter erfunden, wenn nicht dafür, dass man ihn weidlich nutze. Für den Fall der Fälle gehörte bald ein Eimer mit Wasser zur Weihnachtsüberlebensgrundausstattung. Denn Weihnachten und Weihnachtsbaum waren bald so etwas wie siamesische Zwillinge geworden, und längst hatte man in Deutschland ganze Tannen- und Fichtenschonungen angelegt, um die steigende Nachfrage zu decken. Zumindest in der westlichen Welt war nun für alle Zeiten die Assoziationskette Tanne, Heiliger Abend, Familie, Lichter und Geschenke festgeschrieben.

Ein Effekt, der selbst in Kriegszeiten Wirkung zeigte. Zur Weihnacht 1914/15 schickte die oberste Heeresleitung Zehntausende »Feldchristbäume« – von nur vierzig Zentimeter Höhe, aber mit Kerzen geschmückt – als »Gruß aus der Heimat« in passend geformten Pappschachteln an die Fronten. Ihr Auftrag: »Die Kampfbereitschaft der Soldaten … erhöhen und die Andersartigkeit des Kriegsgegners … betonen«, so Stephan Wahle. Offenbar aber betonten die Bäume vor allem die Gemeinsamkeiten. Als an der Westfront der Schein der kleinen flackernden Tannenbaumlichter und der Klang von Weihnachtsliedern über die Gräben wehten, applaudierten die Briten in ihren Schützengräben und riefen »Good old Fritz«. Sie forderten eine Zugabe. Die Deutschen antworteten: »We not shoot, you not shoot.« Man einigte sich auf eine Feuerpause. Mindestens 100 000 Soldaten legten die Waffen nieder. Man teilte Zigaretten, zeigte sich Familienbilder. Sogar Geschenke wurden ausgetauscht, und eine sächsische Einheit soll Bier zu den Royal Welch Fusiliers gerollt haben. Man hätte dabei bleiben sollen. Aber dann wurde der unmissverständliche Befehl zum Weiterkämpfen erteilt und man drohte den Soldaten drastische Disziplinarmaßnahmen an. An manchen Frontabschnitten warnten sich die Feinde zunächst noch gegenseitig, bevor sie feuerten, und mancher soll sogar absichtlich vorbeigeschossen haben. Als einen Krieg später die nächste oberste Heeresleitung erneut Zehntausende Weihnachtsbäume an die Front schickte, war die frontenübergreifende Strahlkraft leider nicht mehr im Lieferumfang inbegriffen.

An Glanz und Freuden groß

Vermutlich bevorratet nicht mal Lady Gaga so viel Bling-Bling in ihrer Garderobe wie die meisten Familien in ihren Christbaumschmuckkartons. Schnell war das übersichtliche Baumschmuckrepertoire aus Äpfeln und Zuckerzeug um Glaskugeln, vergoldete Nüsse, Engelshaar, Strohsterne, Schneemänner, Tiere, Früchte aus Gips erweitert worden. Nicht zu vergessen ein aus Goldpapier geschnittener Stern an der Tannenbaumspitze. Die ersten Weihnachtsbaumkugeln kamen wahrscheinlich um 1830 aus dem Erzgebirge. Den richtigen Weihnachtsglamour verlieh ihnen Justus Freiherr von Liebig, dem es 1870 gelang, Glaskörper mit einer Silberlösung zu beschichten. Lauscha in Thüringen wurde zur »Wiege des gläsernen Christbaumschmucks«.

Kugeln, Trompeten, Sterne, Zapfen aus Hohlglas gingen bald millionenfach auch in die USA. Gemeinsam mit einer der ersten bemerkenswerten PR-Maßnahmen. Wohl wissend, dass sich Weihnachtsbaumschmuck mit

Geschichte besser verkauft, verbreitete F. W. Woolworth – mit seiner Kaufhauskette einer der Hauptabnehmer – eine rührende Geschichte zu einem ganz besonderen Produkt: Glasanhänger in Form einer Gurke, die *pickle ornaments.* Er behauptete, sie seien Ausdruck einer alten deutschen Tradition: In Deutschland werde eine Gurke im Weihnachtsbaum versteckt, und das erste Kind, das sie finde, bekomme ein Geschenk extra. Dieses erste Ammenmärchen erzeugte bald weitere. So soll ein bayerischer Soldat im amerikanischen Bürgerkrieg in Gefangenschaft schwer erkrankt sein und sich als letzte Mahlzeit eine Gurke gewünscht haben. Diese Gurke soll ihn so gestärkt haben, dass er gesund wurde. Aus Dankbarkeit verschaffte er ihr einen ewigen Platz am Christbaum. Wie auch immer die Gurke an den amerikanischen *Christmas tree* kam, sie hängt bis heute dort.

In Deutschland gehörte bald der Perlenchristbaumschmuck aus dem nordböhmischen Gablonz zu den begehrtesten Baumbehängen. Eine einträgliche Erwerbsquelle. Überhaupt ernährte Weihnachtsbaumschmuck viele Familien ganzjährig. In Dresden etwa, wo man um die Wende vom 19. zum 20. Jahrhundert »Dresdner Pappen« in Heimarbeit herstellte: feiner geprägter Karton, der zumeist mit Metallfolie überzogen war, wurde in Formen geprägt und gestanzt. Je zwei Hälften wurden zu kleinen Gegenständen wie Körbchen, Ballons, Schiffen, Kinderwagen, Tieren oder auch Stiefeln zusammengefügt und mit Goldpapier oder Seide elegant verschönert. In der Region Nürnberg-Fürth hatte man sich auf »leonische Drahtwaren« spezialisiert, für die Feinmechaniker Metalldrähte und -fäden verarbeiteten – auch zu Lametta. Die Glitzerstreifen, die Eiszapfen imitieren sollten und das Kerzenlicht reflektierten, entwickelten sich schnell zum kleinen Schwarzen der Tanne. Besonders auf Bildern aus den Zwanziger- und den Fünfzigerjahren findet man kaum einen Weihnachtsbaum ohne.

Im Ersten Weltkrieg dekorierte man die Tanne weniger glamourös als vaterlandstreu mit Eisernen Kreuzen und mit Christbaumkugeln mit Kaiserporträt oder solchen, die mit Stacheldraht ummantelt oder als 42-Zentimeter-Granate verkleidet waren. Auch unter den Nationalsozialisten diente der Schmuck – nämlich als trojanisches Pferd, das die rechte Gesinnung an den Baum respektive mitten ins Herz des Christenfests bringen sollte. Es gab Laubsägemotive von Tieren und germanische Symbole, mit Runen verzierte Kugeln oder auch Hakenkreuze, und man konnte Hitler wenigstens an der Tanne aufhängen. Der Führer hatte nicht nur den USA, sondern auch dem christlichen Weihnachten den Krieg erklärt, weil er fand, dass einzig er und das Germanentum zu feiern seien (und vielleicht ein bisschen, weil seine Mutter an Weihnachten beerdigt wurde). Auch diese Schlacht verlor er. Wie so vieles andere hatten die Nationalsozialisten nicht verstanden, dass der Christbaumschmuck keine ideologische, sondern emotionale Patina braucht. Er ist der Schlüsselreiz, an dem sich für einen jeden andere sehr private, ganz großartige und schöne, komische und kuriose, traurige Erinnerungen, aber auch Sehnsüchte nach einem idealen Fest entzünden.

Der Christbaum ist der schönste Baum

Wie Sonne, Mond und Sterne zählt der Baum längst zu den globalen Super-Icons, den universellsten Formen überhaupt. Das heißt nicht, dass die Tanne und ihr Schmuck für alle gleich und in Stein gemeißelt sind. In Ungarn ist es Brauch, Popcorn auf bunte Glitzerschnüre zu fädeln und die Girlanden als Schmuck an den Christbaum zu hängen. In Dänemark faltet man aus kräftigen, weißen oder bunten Papierbändern Treppen, die von der Spitze des Baums bis zum Boden reichen müssen. Mit diesen »Himmelsleitern« soll der Weg des Menschen von der Erde zum Himmel dargestellt werden. Populär außerdem: die Bäume rot-weiß nach den Farben der Nationalflagge zu schmücken. Auch in den USA sind »Flaggenbäume« weit verbreitet.

Es gibt Tannensuperlative, so wie den teuersten Weihnachtsbaum, der 2010 – natürlich – in Abu Dhabi im Luxushotel Emirates Palace stand und mit Gold und Edelsteinen im Wert von elf Millionen Dollar behängt war. Ein Protz, für den man sich nach einiger Kritik entschuldigte. Man bedauere, die Tradition des Weihnachtsbaums mit den zahlreichen Schmuckstücken »überfrachtet« zu haben. In Dortmund kann man seit einigen Jahren zur Weihnachtszeit einen der größten Weihnachtsbäume der Welt bewundern. Seine 45 Meter verdankt er rund 1700 zusammengesetzten Fichten. Geschmückt wird der Patchworkbaum von knapp 48 000 Lichtern. Alles in allem wiegt die ganze Pracht rund vierzig Tonnen. Und wo man gerade in der Ruhrpottmetropole ist, besucht man am besten auch den kleinsten Weihnachtsbaum. Er misst nur vierzehn Millimeter, ist beleuchtet, voll geschmückt und steht zur Weihnachtszeit im Schaufenster der Galerie Lamers an der Kleppingstraße 8 – unmittelbar am Rand des Weihnachtsmarktes und in Sichtweite der Reinoldikirche.

In die Kategorie »unbedingt sehenswert« fällt sicher auch der schwimmende Weihnachtsbaum des Versicherungsunternehmens Bradesco Seguros in Rio de Janeiro: Er wiegt 350 Tonnen, ist 53 Meter hoch, und sollten jemals Außerirdische die Welt besuchen wollen, würde er den perfekten Leitstern abgeben. Selbst wenn die Aliens von OGLE-2005-BLG-390Lb, dem mit 21 000 Lichtjahren am weitesten von der Erde entfernten Planeten, aus starten würden. Denn der Kunstbaum wird von 2,5 Millionen Miniaturglühbirnen, insgesamt 105 Kilometer langen Lichterketten, 1700 Stroboskoplichtern und 168 LED-Reflektoren illuminiert. Bis zu den 110 Metern, mit denen es der stählerne Weihnachtsbaum in Mexiko-Stadt 2009 in das *Guinnessbuch der Rekorde* schaffte, ist da immer noch viel Luft nach oben.

Einen der schönsten Christbäume kann man alljährlich in der Lobby des Londoner Hotels Claridge's bestaunen. Jedes Jahr verwandelt ein anderer Designer die Tanne dort in ein spektakuläres Kunstwerk. Und auch die Londoner Tate Gallery of Modern Art lässt seit 1988 wechselnde Künstler ihren Weihnachtsbaum gestalten, darunter Tracey Emin, Gary Hume, Antony Gormley, Anish Kapoor und Alison Wilding. Nach der Renovierung war es die iranisch-britische Künstlerin Shirazeh Houshiary, die 2016 als Erste in der frisch erneuerten Rotunde ihre Interpretation eines Weihnachtsbaums präsentieren durfte. Sie hängte eine herrlich gewachsene Tanne mit mächtigen, vergoldeten Wurzeln kopfüber an die Decke und stellte Weihnachten so auf den Kopf. Sie wolle uns so »ins Bewusstsein rufen, dass die Tanne eine der ältesten Spezies ist und dass ihre Wurzeln die Quelle ihrer andauernden Stabilität, ihrer Nahrung und ihrer Langlebigkeit sind«.

Für ein anderes Exemplar der Kategorie »schönste Weihnachtsbäume der Welt« muss man noch ein wenig weiter reisen. Das steht vor dem New Yorker Rockefeller Center. Dort findet seit 1933 auch das wohl berühmteste Tannenbaum-Event statt: Die »Tree Lightning Ceremony«. Ich habe selbst einmal gemeinsam mit meiner Mutter und meiner Schwester dort bei Eiseskälte vier Stunden in der Menschenmenge gestanden, um live und möglichst nahe dabei zu sein, wenn zum ersten Mal die rund 45 000 LED-Birnen auf knapp zehn Kilometern Kabel an der mehr als 25 Meter hohen Tanne aufleuchten und den an der Baumkrone platzierten glitzernden, mit 25 000 Swarovski-Kristallen besetzten Weihnachtsstern (Wert: 1,5 Millionen Dollar) erstrahlen lassen. Nach der ersten Stunde ist man noch voller Vorfreude und findet es wunderbar, diese mit so vielen anderen Weihnachtsfans zu teilen. In der zweiten fragt man sich, warum man verdammt noch mal nicht gemütlich in der gut beheizten Hotelbar sitzt und mit einem Heißgetränk in der Hand die Fernsehübertragung anschaut, und tröstet sich damit, dass die Menschen um einen herum doch einiges gegen die Kälte tun, indem sie einem nämlich praktisch auf den Füßen stehen. In der dritten Stunde verflucht man sich, steckt aber so dermaßen fest, dass man ohnehin bleiben muss, und hat nun sowieso schon zu lange gewartet und eine viel zu gute Position, um das Projekt als gescheitert zu erklären. In der vierten geht es endlich los, und ehrlich: Es ist jede Minute in der Kälte wert. Und nicht mal zwingend wegen Sting, Bette Midler oder Christina Aguilera – denn immer gehören auch Stars zur Eröffnungszeremonie der Weihnachtssaison. Es ist dieser Inbegriff eines Licht bringenden Baums, der nicht umsonst von bis zu 500 000 Besuchern pro Tag bestaunt wird.

Natürlich muss man nicht zwingend eine Tanne haben, damit Weihnachtsgefühle aufkommen. Die Griechen zum Beispiel haben generell für Weihnachtsbäume wenig übrig. Stattdessen findet sich in vielen Häusern eine mit Wasser gefüllte hölzerne Schüssel, darüber ein Zweig Basilikum, gewickelt um ein hölzernes Kreuz. Und in vielen Ländern muss es schon deshalb ohne Tanne gehen, weil dort keine wachsen. So behilft man sich in Indien oder Bangladesch mit Mangobäumen oder Bananenstauden. In Sri Lanka übernehmen schon mal Zypressen die Aufgabe, für Christbaumkugeln gerade zu stehen. In China, Japan, Singapur ist Weihnachten so amerikanisiert, dass sich die Bäume in den Shoppingmalls und Hotellobbys in nichts von ihren oft völlig überdekorierten amerikanischen Vorbildern unterscheiden. Wie in den USA oder in Australien greift man hier allerdings, ebenso wie in Afrika oder Argentinien, gern zum Plastikbaum.

Ein Trend, der auch in Deutschland immer mehr Anhänger findet. Klar: Eine Fichte – neben der Tanne der zweithäufigste Weihnachtsbaum – von 2,20 Meter hat rund 400 000 Nadeln zu verlieren und tut es auch mit Wonne – spätestens, wenn man sie nach dem Fest aus dem Wohnzimmer auf die Straße zerrt. Außerdem vermeidet man mit einem Plastikbaum enervierende häusliche Debatten über den optimalen Zeitpunkt für einen Besuch auf dem Weihnachtsbaummarkt (Sie: »Zweiter Advent! Spätestens!« Er: »Am 23. Dezember und keinen Tag eher!«) und darüber, ob das Ergebnis eines Weihnachtsbaumkaufs am vorletzten Tag jetzt eine Tanne ist oder ein ästhetischer Albtraum mit Bandscheibenvorfall. Beim Plastikbaum ist zudem der »Christbaumständer« eingebaut. Man kommt also ohne die jährliche Suche danach aus. Man kann ihn zudem wieder und wieder recyceln. Was Geld spart und den Stress, jedes Mal die Lichterketten zu entwirren, die man letztes Jahr ganz sicher säuberlich aufgerollt in den Karton gelegt hat, wo sie, so derangiert, wie sie jetzt aussehen, offenbar in den letzten elf Monaten Orgien gefeiert haben.

Doch auch wenn manche auf ihn schwören: Ein Plastikbaum duftet nun mal nicht nach Weihnachten. An ihm sehen Strohsterne, Holzschmuck aus dem Erzgebirge, die Glasperlenspitze aus Gablonz von Oma und der windschiefe Weihnachtsengel aus der Kindergartenproduktion 1975 der Tochter ungefähr so stimmungsvoll aus wie ein Playmobil-Jesus in der Weihnachtskrippe. Und dann sind die Modelle, zumeist aus Fernost, außerdem oft eine ökologische Großkatastrophe. Mit ihnen vermeidet man zwar, dass jedes Jahr ein echter Baum stirbt, aber bei der Menge an CO_2, das Produktion und Transport in die Luft blasen, müsste man mit dem Kunstbaum mindestens siebzehn Mal statt der tatsächlichen durchschnittlich sechs Mal Weihnachten feiern. Erst dann wäre seine Ökobilanz günstiger als der alljährliche Kauf eines echten Weihnachtsbaums.

Du grünst nicht nur zur Sommerzeit

Der Weihnachtsbaumschmuck steht dagegen längst im Fokus eines wachsenden Umweltbewusstseins. Spätestens seit Loriots berühmtem Sketch *Weihnachten bei den Hoppenstedts* aus dem Jahr 1978, als der Opa nölt: »Früher war mehr Lametta«, und es zurücktönt: »Diesmal ist der Baum grün und umweltfreundlich, Opa!« Wurde aber auch höchste Zeit, denn der Baum war jahrzehntelang eine einzige Sondermülldeponie: Engelshaar, das aus feinen Glasfasern besteht und Augen und Atemwege reizen kann; Schneespray, das oft Lösungsmittel und Treibgas enthält; mit Acryl überzogene Kugeln und andere Figuren; farbige Glaskugeln, innen mit Silbernitrat beschichtet; und das traditionelle – zum Glück nur noch auf Flohmärkten zu ergatternde – bleihaltige Lametta. Heute wird der Christbaumschmuck überwiegend in China hergestellt. Genauer gesagt: in der Stadt Yiwu in der chinesischen Provinz Zhejiang. Im »Weihnachtsdorf« werden sechzig Prozent aller Weihnachtsartikel der Welt produziert. Womit Weihnachten nicht nur ein ökologisches, sondern auch ein moralisches Problem hat, denn die Arbeitsbedingungen sind oft alles andere als christlich.

Sogar vor Kerzen muss gewarnt werden. Einmal abgesehen davon, dass sie mit ein Grund sind, weshalb 35 Prozent aller Löscheinsätze im Jahr auf die Weihnachtszeit fallen – und sich nicht wenige wie weiland Maria und Josef ausgerechnet am 24. Dezember auf die Suche nach einer neuen Bleibe begeben müssen. So ein mit bunten Billigparaffinprodukten bestückter Baum setzt auch ordentlich viele Giftstoffe frei. Und sogar der Baum selbst, in künstlichen Monokulturen gezüchtet und mit Pestiziden gegen Schädlinge und Pilze gespritzt, kann eine einzige Chemiekeule sein.

Gut, dass es Alternativen gibt: einen Ökoweihnachtsbaum, nur mit natürlichem Schmuck behängt – etwa Nüssen, Lebkuchen, Strohsternen, Papierornamenten, zertifizierten Holz- und Tonfiguren, Zimtstangen an Stoffbändern oder Stoffschleifen. Oder der sogar ausschließlich mit – natürlich – Echtwachskerzen bestückt wird, wie man es neuerdings zur Weihnachtszeit durch die Fenster der Hipster-Hochburgen wie im Berliner Stadtviertel Prenzlauer Berg beobachten kann: Bäume im Topf – die nach Weihnachten abgeholt und in der Baumschule wieder ausgewildert werden. Ganz im aktuellen No-Make-up-Trend mit fast nichts als seiner natürlichen Pracht am nadeligen Leib, erleuchtet von echten Bienenwachskerzen und also auch olfaktorisch ein einziger Weihnachtsbaumtraum – allerdings nur dann, wenn man ausreichend Sicherheitsvorkehrungen getroffen hat. Keine kippeligen Vorrichtungen zum Aufstellen. Bloß nicht mit dem Baum den Fluchtweg verstellen. Mindestabstand zu brennbaren Vorhängen, Decken und Möbeln. Keine tropfenden Kerzen und die nur von oben nach unten anzünden – und immer in umgekehrter Reihenfolge löschen. Niemals die Kerzen mit dem Baum allein lassen. Und schon gar nicht die Katze oder die Kinder. Immer einen Handfeuerlöscher bereithalten. Damit am Ende nicht das ganze Haus brennt.

Wer aus dem Fest aber lieber keinen Abenteuerurlaub machen will und/oder keine Hausratversicherung hat, greift zu elektrischer Weihnachtsbeleuchtung mit Prüfzeichen (VDE, GS). Das ist auf jeden Fall die sicherste

Wahl. Alles andere bleibt der jeweiligen Familienweihnachtsbaumgeschichte überlassen. Die wiederholt sich Jahr für Jahr, und genau das ist der vielleicht wichtigste Teil der Weihnachtsbaumattraktion. Dass ein Baum wie Heimkommen ist. Selbst wenn hier und da etwas Neues dazukommt oder sogar wenn man wie eine Freundin mit einem Kulturcrash aus vergoldeten Nüssen, Batman-Masken, dem Eiffelturm oder Stilettos aus der Barbie-Garderobe versucht, die Tanne in eine Dragqueen auf Speed zu verwandeln.

Was bleibt, ist ja immer noch die Form – und die Bedeutung als Zentralgestirn des Festes, Datenträger unserer ganz persönlichen Weihnachtsgeschichten. Schon immer da und ewig unbeeindruckt von allen Anfechtungen, ihn als Wahlkampfhelfer zu missbrauchen. So wie es Donald Trump versucht hat. Pünktlich zur Weihnachtssaison 2016 kam eine vergoldete Miniatur seines roten Wahlkampfkäppis mit dem Spruch »Make America Great Again« heraus, um die US-Tannen moralisch aufzurüsten. Obwohl das Käppi bald von stattlichen 150 Dollar auf 99 reduziert wurde, gefiel es 72 Prozent der Käufer auf Amazon.com nicht. Ein Kunde schrieb, es sei so riesig, dass es den Baum ständig nach rechts kippen lasse. Ein anderer staunte: »Wirklich? Auch, wenn man es links aufhängt, kippt er nach rechts? Wow!« Ein nächster meinte, dieser Schmuck sei entgegen seinem ausdrücklichen Wunsch an seine Tanne gekommen, die sich nun plötzlich sehr aggressiv gegenüber seiner Frau verhalte. Er würde jedenfalls seinen weiblichen Freunden und Familienmitgliedern »dringend abraten, der Tanne zu nahe zu kommen«. Ein anderer monierte, dass der Käppi-Anhänger ständig versuche, seine Krippenfiguren zu deportieren. Der Engel habe sich einen Anwalt genommen, lautete ein weiterer Kommentar. Ein anderer: »Hat meinen Weihnachtsbaum in ein brennendes Kreuz verwandelt. Würde ich nicht wieder kaufen.« Und dann schreibt einer noch, der Baumbehang mache Geräusche. Er singe »I'm Dreaming of a Totally White Christmas«. Vorher beschimpfe er aber Maria als »nasty woman«. So hatte Trump Clinton in einem TV-Duell genannt. Zu Josef sage der Dekoartikel, er müsse sich dahin trollen, wo er herkomme. Das Käppi soll übrigens auch in China hergestellt worden sein. Aber dabei handelt es sich bestimmt um »alternative Fakten«.

Ganz sicher wird der Baum auch diese Zumutungen weit hinter sich lassen. Da steht er drüber. Mitten im Wohnzimmer, bestaunt von erwartungsfrohen Augen, fast gerade, schön geschmückt, prachtvoll erleuchtet. Nach dem neuen liturgisch abgesegneten Termin bis Sonntag nach Dreikönig, der Festtaufe Jesu. Spätestens dann landet die Tanne wieder beim Gärtner oder auf der Straße, um als Biomüll entsorgt zu werden. Alternativ kann man sich mit ihm auch zum Weihnachtsbaumweitwurf anmelden. Ein neuer Sport, der gerade von einem schwedischen Möbelhersteller nach Deutschland importiert wurde. Es gibt sogar schon eine Deutsche Meisterschaft mit einem Regelwerk. Der Baum wird mit dem dicken Ende des Stamms voran geworfen, als Wurftechniken sind Überkopfschleuderwurf, Drehschleuderwurf und Stoßwurf erlaubt. Jeder Werfer hat drei Würfe, wobei ihm freigestellt ist, welche der erlaubten Wurftechniken er anwendet. Auch ein Wechsel der Wurftechnik während der drei Wettbewerbswürfe ist erlaubt. Es wird nur der jeweils beste Wurf gewertet. Der derzeitige

Rekord liegt übrigens bei 10,10 Metern. Das nur, falls Sie für sich und Ihre Tanne ehrgeizigere Pläne hegen, als sie am Straßenrand einfach der städtischen Müllentsorgung zu überlassen.

Singet und seid froh

Erst ein Lied, dann die Bescherung. So lautete das erste Gebot unserer Kinderweihnacht. Ich spielte Blockflöte. Meine Geschwister sangen dazu. Oder versuchten es wenigstens. Denn eigentlich waren wir uns weder über die Melodie noch über den Takt einig. Aber wir hatten dasselbe Ziel vor Augen: dass dieser Teil des Abends möglichst rasch zu Ende gehen möge, und hasteten also in Warp-Geschwindigkeit durch »O du fröhliche«. Es klang fürchterlich. Dass meine Eltern mir zwei Jahre hintereinander Geld dafür gaben, dass ich meinen Geschwistern Grundlagen des Blockflötenspielens beibringe, verbesserte meine Finanzen, aber weder das musikalische Niveau noch die geschwisterliche Harmonie. Egal. Da musste man durch. Das Lied unter dem Weihnachtsbaum blieb lange das Opfer, das für den Frieden unter der Tanne und für den Zugang zu den Geschenken zu erbringen war. Bis schließlich die Einsicht überwog, dass wir offenbar alle an schwerer »Dysmusia« leiden, und meine Mutter entschied, die Aufgabe den Profis zu überlassen. Nun warteten wir eben, bis Ivan Rebroff oder auch Frank Sinatra mit »Maria durch ein Dornwald ging« oder »Jingle Bells« fertig waren, und stellten fest, dass die leider nicht viel von Abkürzungen hielten.

Hätte mir damals jemand gesagt, dass die Musik einmal mit das Beste am Fest sein würde, hätte ich ihn genötigt, auf meiner schlimm eingespeichelten Blockflöte »O Tannenbaum« zu spielen. Aber genau so ist es gekommen. Und wir sind ja nicht die Einzigen, für die Weihnachtslieder der Generalschlüssel zur Weihnachtsstimmung sind. Ganze neunzig Prozent der Deutschen mögen laut einer Studie des Bundesverbands der Musikindustrie nicht ohne sie auskommen. Auch Angela Merkel sagte kürzlich, dass Musik an Weihnachten sein muss, am besten selbst gemachte. Sie rief dazu auf, Liederzettel zu kopieren und »jemanden aufzutreiben, der Blockflöte spielen kann«.

Von wegen stille Nacht! Weder Ostern noch Pfingsten haben auch nur annähernd einen so gewaltigen Soundtrack wie Weihnachten. Allenfalls noch die Liebe verfügt über eine ähnlich beeindruckende Playlist. Immerhin ganze 12 000 einschlägige Titel führt das Büro für Weihnachtslieder im österreichischen Graz in seinem Archiv. Es wurde 1991 gegründet, um wichtiges Kulturgut zu bewahren, als Fundbüro verloren geglaubter Melodien, aber auch, damit dem gemeinsamen Singen und Musizieren in der Weihnachtszeit der Stoff nicht ausgeht. Wer Textsicherheit sucht oder Inspiration, wem Noten fehlen, die Chorpartitur für ein Lied oder die »Jingle Bells«-Version für zwei Flöten, wer nur noch Weihnachtsliedspurenelemente aus der Kindheit im Gedächtnis hat, sodass er gerade noch ein paar Noten summen kann, dem wird hier geholfen. Sogar Informationen zu den zahllosen

Bräuchen, die sich um das Singen an Weihnachten ranken, findet man hier. So wie über das 300 Jahre alte Turmsingen in Schneeberg im Erzgebirge, das in der Nacht vor dem Heiligen Abend auf dem Turm von St. Wolfgang stattfindet und bei dem weit über hundert Sänger und Sängerinnen bereits um vier Uhr morgens die Weihnachtsbotschaft verkünden. Oder das »Wurstsingen« im Sauerland am zweiten Weihnachtsfeiertag. Da man früher oft bei Schnee und Eis weit laufen musste, um zur Kirche zu kommen, kehrte man nach der Messe bei guten Freunden ein, um sich für den Heimweg zu stärken, und sang quasi für seine Wurst.

Das Singen scheint so wirkungsstark zu sein, dass sich daran gerade auch brandneue Bräuche entzünden. So wie in Berlin. Seit 2003 89 Fans bei klirrender Kälte in das Stadion des 1. FC Union Berlin in Köpenick eingestiegen sind, um im Mittelfeld und vermutlich unter reichlich Glühweineinfluss Weihnachtslieder zu schmettern, hat sich daraus eine Massenbewegung entwickelt, mit Sponsoren, Fernsehübertragung, VIP-Bereich. 2015 musste wegen der großen Nachfrage ein Ticketverkauf eingeführt werden, und schon nach zwei Wochen war das Event ausverkauft. 28 500 Menschen passen in das Stadion, sogar Feinde, also beispielsweise Hertha-Fans. Die dürfen ausnahmsweise getrost in ihren Vereinsfarben Weiß und Blau auftreten, ohne sich vor Haue fürchten zu müssen. Das oberste Ziel ist ein stimmgewaltig vereintes »Ihr Kinderlein kommet« oder »Alle Jahre wieder« und dabei zu sein, wenn Peter Müller, Pfarrer der Köpenicker St.-Laurentius-Gemeinde, die Weihnachtsgeschichte vorliest. Selbstverständlich ausgestattet mit einem Schal in Rot und Weiß, den Farben von Union Berlin, gestrickt von seiner Frau. Das Weihnachtsliedermitsingen ist ansteckend. Seit 2015 wird es auch im Kölner Rhein-Energie-Stadion praktiziert. Hier sind es 44 000 Menschen, darunter auch mal Wolfgang Niedecken, der Sänger von BAP, der einen Weihnachtsblues von Bob Dylan vorsingt, und Chöre aus der Region, die in der Südkurve den Ton für »Vom Himmel hoch, da komm ich her« vorgeben.

Fragt sich nur, woher sie kommt, diese so übermächtige Sehnsucht nach Musik an Weihnachten? Und zwar überall dort, wo man das Fest feiert. Weltweit. Vielleicht, weil das Fest der Liebe nun mal das emotionalste ist und man seine Gefühle besser vertont ausdrücken kann? Ist es die frühkindliche Gesangskonditionierung? Weil das Lied uns zurückbringt in vermeintlich bessere Zeiten? Weil wir sonst nur noch den Fußball haben, der so viel Gemeinschaftsgefühl, Verständnisinnigkeit, ja sogar Katharsis bietet wie das vielstimmige Singen? Oder handelt es sich um ein jahreszeitlich bedingtes Pfeifen im Dunkeln?

Sicher ist: Schon immer wurde an Weihnachten gesungen. Sogar noch ehe irgendjemand daran dachte, einen Strohstern an eine Tanne zu hängen. Das Wunder, von dem Lukas und Matthäus berichten, inspirierte früh zu Musik und Liedern. Und später sorgte die Reformation dafür, dass sie auch im Chor der Gemeinde gesungen wurden. Davor durften die Gläubigen allenfalls einen kurzen Antwortsatz zu einem lateinischen Gebet singen, das sie ohnehin nicht verstanden. Dann kam Martin Luther mit seiner Idee, dass dieses Vergnügen nicht bloß Priestern, Mönchen und Chören vorbehalten sein durfte. Die musikalische Beziehungspflege zwischen den Menschen und Gott sollte allen zugänglich sein. Luther selbst sang ja leidenschaftlich gern und immer, wenn sich eine Gelegenheit bot. Mit so wunderbarer Stimme, dass der Nürnberger Meistersinger Hans Sachs ihn die »Wittenbergische Nachtigall« nannte.

In seiner Skizze »Über die Musik« notierte Luther: »Ich liebe die Musik … Denn sie ist 1. ein Geschenk Gottes und nicht der Menschen; 2. sie macht fröhliche Herzen; 3. sie verjagt den Teufel; 4. sie bietet unschuldige Freude. Darüber vergehen Zorn, Begierden, Hochmut. Den ersten Platz nach der Theologie gebe ich der Musik.« Es gab für ihn kein besseres Vermittlungsinstrument von Fröhlichkeit und den Botschaften der Bibel. Luthers Diktum: »So sie's nicht singen, glauben sie's nicht.« Deshalb begann er, selbst Lieder zu schreiben, für die er lateinische Gesänge und Texte oft einfach ins Deutsche übersetzte. Aber er machte auch Ausnahmen. Etwa für »Vom Himmel hoch, da komm ich her«, ein Lied, das er zur Bescherung für seine Kinder geschrieben haben soll und für das ihm ein altes deutsches Spielmannslied als Vorlage diente. Wichtig waren ihm, der im Kirchenlied das musische Gegenstück zum Katechismus sah, kraftvolle und verständliche Texte. Insgesamt 37 Lieder soll der Reformator verfasst haben, die sich bis heute in den evangelischen Gesangsbüchern finden. »Sie bilden den Beginn einer außergewöhnlichen geistlichen Musikkultur«, so die Stiftung Luthergedenkstätten in Sachsen-Anhalt.

Johann Sebastian Bach übernahm später die Melodie von »Vom Himmel hoch« für drei Choräle seines Weihnachtsoratoriums. Nicht nur für Protestanten ein Superlativ der Weihnachtsmusik und Teil des adventlichen Konzertrituals. Das sechsteilige Oratorium wurde erstmals zwischen dem ersten Weihnachtsfeiertag 1734 und dem Epiphaniasfest 1735 in Leipzig in der Thomas- und der Nikolaikirche vorgetragen. Es erzählt vom Suchen und Zweifeln (»Wie soll ich dich empfangen«), aber auch von der überwältigenden Freude darüber, dass Gott Mensch geworden ist (»Jauchzet, frohlocket!«). Zwar hat niemand der Nachwelt etwas über diese Premiere hinterlassen, aber man kann sicher sein, dass das Publikum mit Ernst Bloch einer Meinung war, der sehr viel später über Bach schrieb: »Er schuf die gelehrteste und zugleich am tiefsten durchseelte Musik.«

Der Welt Heil gebracht

Es brauchte noch fast ein ganzes Jahrhundert, bis das wohl berühmteste Weihnachtslied der Welt am 24. Dezember 1818 in der St.-Nikolaus-Kirche in Oberndorf das erste Mal gesungen wurde. Geschrieben hatte es zwei Jahre zuvor der Hilfspriester Joseph Mohr aus dem benachbarten Arnsdorf im Salzburger Land, und der Organist und Volksschullehrer Franz Xaver Gruber steuerte die Melodie bei. Dass es überhaupt zum Vortrag kam, verdankte es – so will es die Legende – den Ratten in der Kirche, die die Orgel arbeitsunfähig genagt hatten. Also musste Joseph Mohr zur Gitarre greifen und trug gemeinsam mit Franz Xaver Gruber die sechs Strophen seines Liedes in ihrer Urfassung für zwei Solostimmen vor. Michael Neureiter, Präsident der Stille Nacht Gesellschaft, hat allerdings so seine Zweifel an der Nagerversion. Er geht vielmehr davon aus, dass es in Oberndorf durchaus üblich war, für die volksnahe Krippenfeier die Gitarre einzusetzen.

Das Lied gefiel offenbar. Schneller, als es selbst Facebook und YouTube kaum geschafft hätten, verbreitete es sich in rasender Geschwindigkeit: Erst nahmen es die Geschwister Rainer, die im Kirchenchor in Fügen sangen, in ihr Repertoire auf. Sie trugen es dem Habsburger Kaiser Franz I. und Zar Alexander I. von Russland im Kaiserzimmer von Schloss Fügen vor und brachten es schließlich nach Amerika, wo die amerikanische Uraufführung vor der ausgebrannten New Yorker Trinity Church stattfand. Den Rest des globalen Stille-Nacht-Vertriebs übernahmen zur Jahrhundertwende schließlich katholische und protestantische Missionare. Bald schien es, als hätte man Weihnachten gleich von Anfang an mit diesem Lied ausgeliefert. Daran änderten auch die Nazis nichts, denen der Text viel zu christlich war. Ihr Haus-und-Hof-Dichter Hans Baumann schrieb zwar eine neue Version (ja, derselbe, der auch »Wir werden weiter marschieren, wenn alles in Scherben fällt, denn heute gehört uns Deutschland und morgen die ganze Welt« verbrochen hat), in dem der Baum und das Licht besungen, die »Stille Nacht« durch »Hohe Nacht der klaren Sterne« ersetzt wurde. Aber obwohl die Nationalsozialisten die »Hohe Nacht« zum Teil ihrer Zwangsbespaßung machten, sie in die Richtlinien für Weihnachtsfeiern von HJ, NS-Lehrerbund, SA und SS aufnahmen, setzte sie sich nicht durch. Längst war die Urfassung in der Weihnachts-DNA festgeschrieben. Und nicht nur in Deutschland, sondern überall auf der Welt.

Bis heute ist »Stille Nacht«, in über 300 Sprachen und Dialekte übersetzt, das wohl bekannteste Weihnachtslied auf unserem Planeten. Egal, wo man Weihnachten feiert – es fühlt sich jedes Mal an, als wäre es schon immer da gewesen und Teil der jeweils landestypischen Weihnachtskultur. Mehr als einmal hat man deshalb die Frage stellen müssen: »Wer hat's erfunden?« Zum Beispiel den Amerikanern, die »Silent Night« bald für ein US-amerikanisches Volkslied hielten. Bis die Schriftstellerin Hertha Pauli 1943 ein ganzes Buch als Richtigstellung schrieb: *Silent Night. The Story of a Song.* 1997 dann erzählte der Film *Das ewige Lied* von Regisseur Franz Xaver Bogner die Geschichte der Entstehung von »Stille Nacht«.

Eigens für Fans dieses Lieds, das 2011 sogar auf die Liste »Immaterielles Kulturerbe Österreichs« der UNESCO kam, hat sich rund um seinen Entstehungsort ein regelrechter »Stille Nacht«-Tourismus entwickelt. Es gibt ein Stille-Nacht-Museum in der Dorfschule Arnsdorf. In Hochburg-Ach beherbergt das Gruberhäusl Utensilien aus dem Hausrat des Komponisten – seine Möbel, sein Klavier –, aber auch die Gitarre von Joseph Mohr. Im Wallfahrtsort Mariapfarr ist das Elternhaus von Joseph Mohrs Vater, die sogenannte Schargler Keusche, als Kulturdenkmal erhalten. Und jedes Jahr am 24. Dezember um siebzehn Uhr wird in der Stille-Nacht-Kapelle, die an der Stelle der St.-Nikolaus-Kirche erbaut wurde, nachdem die einem Hochwasser zum Opfer gefallen war, ein Gottesdienst abgehalten. Im Altarstein soll das Haupt des Dichters ruhen. Ein wenig schaurig ist das schon. Aber so würde er immer noch von all der Ergriffenheit und Rührung zehren, die sein weltberühmtes Lied weiterhin zuverlässig begleiten.

Ob er allerdings mit den Kürzungen einverstanden wäre? Im Lauf der Zeit wurde sein Lied von sechs auf drei Strophen zusammengestrichen. Meist sind es die

Strophen drei bis fünf, die man auslässt, weil der Rest gefälliger ist. Man habe das Lied »theologisch banalisiert, säkularisiert, entpolitisiert und privatisiert«, beklagte darob der Kirchenliedexperte, Hymnologe und Ruhestandspfarrer Karl Christian Thust in *Die Lieder des Evangelischen Gesangbuchs.* Auch auf die Gefahr hin, als Banause zu gelten, finde ich die bekannteren drei Strophen gerade deshalb schöner. Aber entscheiden Sie selbst. Hier die Urfassung des Textes:

Stille Nacht! Heilige Nacht! Alles schläft; einsam wacht nur das traute heilige Paar. Holder Knab im lockigten Haar, schlafe in himmlischer Ruh! Schlafe in himmlischer Ruh!
Stille Nacht! Heilige Nacht! Gottes Sohn! O wie lacht Lieb' aus deinem göttlichen Mund, da schlägt uns die rettende Stund'. Jesus in deiner Geburt! Jesus in deiner Geburt!
Stille Nacht! Heilige Nacht! Die der Welt Heil gebracht, aus des Himmels goldenen Höhn uns der Gnaden Fülle lässt seh'n Jesum in Menschengestalt, Jesum in Menschengestalt.
Stille Nacht! Heilige Nacht! Wo sich heut alle Macht väterlicher Liebe ergoss und als Bruder huldvoll umschloss Jesus die Völker der Welt, Jesus die Völker der Welt.
Stille Nacht! Heilige Nacht! Lange schon uns bedacht, als der Herr vom Grimme befreit, in der Väter urgrauer Zeit aller Welt Schonung verhieß, aller Welt Schonung verhieß.
Stille Nacht! Heilige Nacht! Hirten erst kundgemacht durch der Engel Alleluja, tönt es laut bei Ferne und Nah: Jesus der Retter ist da! Jesus der Retter ist da!
(Stille Nacht Gesellschaft; stillenacht.at)

Mein All-time-Favorit ist übrigens »Joy to the world«, und zwar in der Version des Mormon Tabernacle Choirs. Nicht, weil ich besonders religiös wäre. Aber sollte ich je etwas daran ändern wollen, dann wäre das von Isaac Watts 1719 nach Psalmen König Davids geschriebene und mit Elementen von Friedrich-Händel-Kompositionen vertonte Lied die perfekte Einstiegsdroge. Es ist für mich *das* akustische Freude-Emoji des Festes, und vielleicht muss man wirklich so gläubig sein wie die 360 Sänger und 200 Musiker eines der ältesten und größten Chöre der Welt, um es mit so viel Gänsehaut-Verve zu einem musikalischen Weihnachtsgefühle-Erweckungsgottesdienst zu machen.

Wichtelmänner, hüpft umher

Natürlich sind Weihnachtslieder nicht nur in der deutschen Festtradition tief verwurzelt. Oder, um es mit der beinharten und engagiert unfrohen Haltung der 68er-Studentenbewegung zum »Christtagsjodel« zu formulieren: Jedes Land hat so seinen eigenen musikalischen Ausdruck der »verlogenen bürgerlich-kapitalistischen Gesellschaft«, seinen kulturell bedingten Beitrag zum »Schnulzen-Festival unterm Weihnachtsbaum«.

In Finnland etwa sind die Weihnachtslieder eher melancholisch und manchmal sogar verstörend deprimierend. Wie das Lied »Hei tonttu-ukot«: »Hei, tonttu-ukot hyppikää, nyt on riemun raikkahin aika! Hetken kestää elämä ja sekin ynkkä ja ikävä« (»Hei, Wichtelmänner, hüpft umher, es ist die freudenreichste Zeit nunmehr. Das Leben währt ein kurzes Weilchen bloß, und das ist trüb und ohne Trost«). Finnlands bekanntestes Weihnachtslied stammt von Jean Sibelius und heißt »En etsi valtaa loistoa«. »Ich brauche weder Macht noch Glanz, auch Gold vermiss' ich nicht. Das Licht des Himmels wünsch' ich mir und Frieden überall.« Nicht schlecht für jemanden, der die Weihnachtszeit eigentlich nicht mochte und das Christentum als den »Glauben meiner Vorfahren« bezeichnete. Aber es war einfach zu schön, um es deshalb links liegen zu lassen, und wurde 1943 zunächst auf Schwedisch, später auf Finnisch ins Gesangbuch der finnischen evangelisch-lutherischen Kirche aufgenommen.

In England sind die Weihnachtslieder deutlich fröhlicher, vielleicht, weil es dort nicht so lange dunkel und der Alkohol billiger ist. Die traditionellen *Christmas carols* gehen zurück auf die Carole: den Ketten- und Rundreigen, der im Mittelalter aufkam. Fahrende Musikanten zogen damals durchs Land und spielten in den Dörfern Weihnachtslieder. Viele davon sind Teil des Krippenspiels, des *nativity play,* bei dem die Weihnachtsgeschichte erzählt und mit Singen untermalt wird. Das *Carol Singing* war lange eine bewährte Gelegenheit für die Armen, Almosen zu sammeln. Dass man Menschen gerade an Weihnachten großmütig stimmen kann, machten sich auch die *waits* zunutze: Chöre, die von Bürgermeistern und anderen einflussreichen Bürgern zusammengestellt wurden, um am *Christmas Eve* (an Heiligabend) Geld für wohltätige Zwecke zu ersingen. Noch heute gehört es in England zum vorweihnachtlichen Ritual, dass kleine Gruppen von Sängern und Sängerinnen von Haus zu Haus ziehen, um mit Munterem wie »We Wish You a Merry Christmas« oder »I Saw Three Ships« fröhliche Weihnachtsstimmung zu verbreiten. Vermutlich ist hier und da auch das erfolgreichste aller Weihnachtslieder dabei. Obwohl es ursprünglich aus den USA kommt. Aber längst gehört es international zu den absoluten Weihnachtsliedperlen: »White Christmas«.

Der Song von Irving Berlin, Sohn eines armen russischen Kantors, der nach antisemitischen Pogromen mit seiner Familie in die USA geflohen war, hat sich allein in der von Bing Crosby gesungenen Version fünfzig Millionen Mal verkauft. Zusammen mit den 500 Interpretationen anderer Künstler – darunter Louis Armstrong, Kiss, Frank Sinatra, Beach Boys, U2, Bob Marley, Jackson Five, Ella Fitzgerald, aber auch Wolfgang Petry und Sarah Connor – kommen die Verkäufe sogar auf knapp 150 Millionen. Das Lied wurde in praktisch alle Sprachen der Welt übersetzt, sogar in Suaheli. Damit ist der Song nach Elton Johns »Candle in the Wind« die überhaupt meistverkaufte Single. Irving Berlin, schon vor diesem Coup einer der erfolgreichsten Komponisten Amerikas, hatte es geahnt, als er – der Noten weder lesen noch schreiben konnte – am 8. Januar 1940 seinem Arrangeur und Assistenten Helmy Kresa, der aus Meißen stammte, diesen Song diktierte. Er sagte damals: »Es ist nicht nur das beste Lied, das ich je geschrieben habe, sondern das überhaupt jemals geschrieben wurde.« Es wurde so ein Erfolg, dass bald ein ganzer Film unter dem Titel gedreht wurde, der 1954 mit Bing Crosby und Danny Kaye auf die Leinwand kam. Das Geheimnis seiner Faszination? In seinem Buch *White Christmas. Ein Song erobert die Welt* erklärte der amerikanische Journalist Jody Rosen der Welt die Alchemie seines Zaubers und beschrieb die Zutaten des »Schlagers aller Schlager« als »wunderschön und lächerlich, pappsüß und meisterhaft«. Er meint sogar, dass die Sehnsucht nach weihnachtlichem Schnee, nach einem Fest in Weiß überhaupt erst mit Irving Berlins Lied entstand. Jedenfalls waren bei den Buchmachern zuvor *keine* Wetten auf weiße Weihnachten abzuschließen, wie seine Recherchen ergaben.

Schon bald nach Erscheinen war das Lied Synonym für alles, was die Amerikaner mit einer Bilderbuchweihnacht verbanden. Und es wurde zur Nabelschnur in die Heimat. Als die Armee 1942 GIs in aller Welt Weihnachtsgaben sandte, gehörte selbstverständlich eine Crosby-Schallplatte dazu, und im Vietnamkrieg übernahm die Ikone amerikanischer Christmas-Kultur sogar eine politische Rolle. 1975 wurde das Lied als geheimes Zeichen, um die verbleibenden Amerikaner aus der Hauptstadt Saigon zu retten, im Radio übertragen. Bittere Pointe der Geschichte: Eigentlich verband Irving Berlin mit Weihnachten alles andere als die zuckrige Sentimentalität. Sein Elternhaus in Russland war bei einem weihnachtlichen Pogrom niedergebrannt worden, und in Amerika starb sein 24 Tage alter Sohn am ersten Weihnachtsfeiertag 1928. Seine Tochter erinnert sich, dass ihre Eltern einmal sagten: »Wir beide hassten Weihnachten. Wie feierten nur euch Kindern zuliebe.«

Pa rum pum pum pum

Eine weitere Sehens- und Hörenswürdigkeit im großen Weihnachtsliedkosmos ist ein Duett von David Bowie und Bing Crosby aus dem Jahr 1977. Bowie, gerade im Begriff, den Pop-Olymp zu erobern, ließ sich nur deshalb zu diesem Auftritt in Bing Crosbys berühmter TV-

Show überreden, weil seine Mutter »Mr. White Christmas« so sehr verehrte. Er hatte eigentlich wenig Lust, zumal er das Lied, das für das Duett vorgesehen war – »Little Drummer Boy« – hasste (»Come they told me, pa rum pum pum pum / A new born King to see, pa rum pum pum pum / Our finest gifts we bring, pa rum pum pum pum / To lay before the King, pa rum pum pum pum / rum pum pum pum, rum pum pum pum …«). Man fand schließlich einen Kompromiss: Bowie sang mit »Peace on Earth« parallel gegen den Weihnachtsklassiker an. Es war seine letzte Gelegenheit, mit der Legende aufzutreten. Als die Aufnahme ausgestrahlt wurde, war der 74-jährige Crosby zwei Monate zuvor in Spanien nach einer Runde Golf zusammengebrochen und an Herzversagen gestorben.

Zum Glück merkt man Bowie die Drummer-Boy-Aversion nicht an – und so gehört die Aufzeichnung immer noch zu den Weihnachtsstimmungsgaranten. Ebenso wie »Rudolph, the Red-Nosed Reindeer«. Ein Lied, das seine ganz eigene, rührende »Weihnachtsgeschichte« erzählt. Robert Lewis May, der bei der Kaufhauskette Montgomery Ward als Werbetexter angestellt war, hatte Rudolphs märchenhaften Weg an die Spitze des Nikolausschlittens eigentlich als Gedicht für seine Tochter in Bildern festgehalten. Sie konnte jede Ablenkung gebrauchen, denn ihre Mutter war schwer an Krebs erkrankt. Ihr Vater wiederum benötigte jeden Cent, um die desaströsen finanziellen Verhältnisse der Familie, verursacht durch die hohen Arztrechnungen, auch nur ein wenig abzufedern. Deshalb ließ er sich – nach dem Tod seiner Frau – 1939 die Rechte an Rudolph von seinem Chef abkaufen. Obwohl man erst Bedenken hatte, dass das Rentier mit seiner roten Nase auch als Schnapsdrossel missverstanden werde könnte, wurde die Geschichte sofort ein Bestseller. Bis 1946 gingen mehr als sechs Millionen Exemplare über den Ladentisch.

May erlebte nun seine eigene kleine Vom-Pechvogel-zum-Glückskind-Metamorphose. Er hatte anfangs zwar nur eine kleine Pauschale kassiert, bekam aber 1947 die Urheberrechte zurück. Gemeinsam mit seinem Schwager machte er aus der Geschichte ein Lied über »Rudolph, the Red-Nosed Reindeer«. Und nachdem Bing Crosby abgelehnt hatte, wurde es mit dem »singenden Cowboy« Gene Autry auf Schallplatte gepresst. Der Song entwickelte sich für das Columbia-Label zum größten Hit überhaupt. Allein bei Erscheinen 1949 wurden auf Anhieb zwei Millionen Exemplare umgesetzt. Insgesamt – so die offizielle Website von Gene Autry – hat sich diese Aufnahme ganze zwölf Millionen Mal verkauft, soll es 140 unterschiedliche Arrangements für Orchester, Bands, Chöre, Instrumente usw. von dem Lied geben.

Die Liste der wichtigsten englischsprachigen Weihnachtsvertonungen wäre nicht vollständig ohne »Do They Know It's Christmas« von Band Aid, das vor mehr als dreißig Jahren entstand und mit seiner urchristlichen Botschaft Weihnachtsgeistessenz pur darstellt. Es enthält so ziemlich alles, worum es doch eigentlich bei dem Fest geht oder zumindest gehen sollte: an andere zu denken; mit jenen zu teilen, die unter Krieg, Krankheit, Armut leiden; gemeinsam der Selbstbezogenheit eine Auszeit zu verschaffen. Eine Botschaft, die 1984 von den damals bekanntesten, begabtesten, einflussreichsten Künstlern der britischen Musikszene eingesungen wurde. Am Dirigentenpult: Bob Geldorf, der gemeinsam mit Midge Ure das Lied geschrieben hatte, um Geld gegen die Hungersnot in Äthiopien zu sammeln. 2014 gab es ein Remake, um mit dem Erlös den Kampf gegen Ebola zu finanzieren. Dafür wurde die Zeile »where a kiss of love can kill you, where there's death in every tear« an die Stelle von »where the only water flowing is the bitter sting of tears« gesetzt.

Natürlich gehört auch »Last Christmas« von Wham! zu den Unvermeidlichen in der Vorweihnachtszeit. Viele Millionen Euro soll das Lied George Michael, der ausgerechnet an Weihnachten 2016 mit erst 53 Jahren an Herzversagen starb, jährlich eingebracht haben. Bereits 1984, im Erscheinungsjahr des Songs, spendeten Wham! die ersten Tantiemen an Bob Geldorfs Hilfsprojekt in Afrika. Der »stille Wohltäter«, wie ihn die *Süddeutsche Zeitung* in einem Nachruf nannte, unterstützte außerdem Kinderhilfsorganisationen, Aidsstiftungen, half freiwillig in einer Obdachlosenunterkunft, verschenkte bereitwillig auch größere Summen an Bedürftige und gab mal vor den Krankenschwestern, die seine Mutter Lesley bis zu deren Tod gepflegt hatten, ein Gratiskonzert. Daran sollte man vielleicht denken, wenn man das nächste Mal von einem Meinungsforschungsinstitut nach den nervigsten Weihnachtsliedern gefragt wird und den Mund für »Last Christmas« öffnet. Sonst landet das Lied wie schon so oft wieder an der Spitze, was George Michael nicht verdient hat. Er kann ja nichts dafür, wenn einem der Einzelhandel, das Radio, der Weihnachtsmarkt alljährlich immer dieselben Lieder in Endlosschleife in die Ohren hämmert, bis einem dort, wo bis zum Heiligen Abend doch Rührung, Erbauung, Freude sprießen sollten, bloß noch Hornhaut wächst. Laut einer Statistik wird allein

»Last Christmas« an Weihnachten bis zu 500 Mal in deutschen Radiosendern gespielt.

Es könnte aber auch schlimmer sein. Man könnte auch mit einer Blockflöte vor seinen Eltern stehen und wissen: Ohne wenigstens ein »O du fröhliche« kommt hier niemand raus. Das Lied entstand 1816 in Weimar. Der Gelehrte Johannes Daniel Falk hatte vier seiner sieben Kinder bei einem Typhusausbruch verloren. Auch aus dieser Erfahrung heraus gründete er die Gesellschaft für Freunde in der Not, eine Fürsorgeeinrichtung für durch die Napoleonischen Kriege eltern- und heimatlos gewordene Kinder und Jugendliche im Weimarer Land. Das Prinzip: Erziehung zur Freiheit durch Erziehung in Freiheit. Etwa zur selben Zeit dichtete er einen Text, der die drei großen christlichen Feste würdigte: Weihnachten, Ostern und Pfingsten. Die Melodie lieh er sich von einem italienischen Fischer- und Marienlied. Erst rund zehn Jahre später wurden die zweite und die dritte Strophe zum Weihnachtslied umgeschrieben. Das nur der Vollständigkeit halber und falls Sie mal bei »Wer wird Millionär« der Weihnachtsjoker sein wollen.

Ihr Kinderlein kommet

Mein kleiner Bruder schrie aus Leibeskräften. Er schrie, als wäre er in einem Verhörraum in Guantanamo Bay und nicht im herrlich-prachtvoll-güldenen Hessischen Staatstheater Wiesbaden. Nicht mal durch die Aussicht auf einen neuen LEGO-Baukasten noch vor dem Heiligen Abend war er zu beruhigen. Keine Chance. Ihm war nämlich gerade der absolut größte Albtraum seines jungen Lebens erschienen. Nur ein paar Stuhlreihen entfernt, gleich vorn auf der Bühne stand sie, die schlimmste aller Hexen, die aus »Hänsel und Gretel«. Es war nichts zu machen. Meine Mutter musste mit uns drei Geschwistern überstürzt die Vorstellung verlassen. Dabei wollte sie nur tun, was viele Eltern gerade an Weihnachten für die ganze Familie planen: mit ihren Kindern eine Märchenaufführung besuchen. Oder ein Ballett oder eine Kinovorstellung oder ein Konzert. Schließlich steht auf der vorweihnachtlichen To-do-Liste »Zeit mit der Familie verbringen«, dicht gefolgt von »sich von Profis in Weihnachtsstimmung versetzen lassen«.

Einschlägige Programme sind meist schon auf Wochen ausverkauft, zumal, wenn die Alternative aus »einen ganzen Nachmittag mit Tante Gertrud Kaffee trinken« besteht, und besonders, wenn das Gebotene in einem so innigen Verhältnis zum Fest steht wie Humperdincks spätromantische Oper »Hänsel und Gretel« nach dem Märchen der Gebrüder Grimm. Weshalb es sich ausgerechnet an Weihnachten solcher Beliebtheit erfreut? Zumal ganz unchristlich damit gedroht wird, Kinder im Backofen zu grillen? Und obwohl offenbar nicht mal Schnee liegt in dem Wald, in dem sich die beiden Kinder verirren? Weshalb alle Häuser, denen Humperdinck 1892 sein Werk zur Uraufführung andiente, gleich an eine Aufführung in der Vorweihnachtszeit dachten? Und es dann tatsächlich erstmals am 23. Dezember 1893 in Weimar unter der Leitung von Richard Strauss aufgeführt wurde? Vermutlich wegen des »Knusperhäuschens« aus Lebkuchen und weil es ja irgendwie wie überhaupt an Weihnachten auch um Mäßigung *und* um Mästung geht: Einerseits verdanken die Kinder ihrer Gier nach Süßem den ganzen Schlamassel. Andererseits darf Hänsel nicht zu fett werden, will er nicht frühzeitig im Ofen der gefräßigen Hexe landen. Sicher spielt auch die Familienzusammenführung am Ende und ganz bestimmt spielen die Engel eine Rolle, die beim »Abendsegen« je nach Inszenierung schon mal vom Himmel steigen.

Nicht zuletzt sind es die Parallelen: das Bedürfnis nach Wundern, danach, das Dunkel mit dem Licht von Hoffnung, Glück und dem Grundguten zu vertreiben, die letztlich Weihnachten mit Märchen zu Weihnachtsmärchen vermendelten – ob sie nun den Geist von Weihnachten in sich tragen oder Weihnachten tatsächlich darin vorkommt. Wie in dem Ballett »Der Nussknacker« von Pjotr Iljitsch Tschaikowski nach der Geschichte »Nussknacker und Mäusekönig« von E.T.A. Hoffmann. Im Mittelpunkt das Mädchen Klara, im russischen Original Mascha, das am Weihnachtsabend von ihrem Patenonkel Drosselmeier einen Nussknacker geschenkt bekommt. Es träumt in der Nacht von einer Schlacht, in der der Nussknacker Spielzeugsoldaten gegen das Heer des Mäusekönigs anführt. Mit Klaras Hilfe siegt der Nussknacker, der sich daraufhin in einen Prinzen verwandelt und mit ihr in das Reich der Süßigkeiten reist. Über den Tannenwald geht es zum Schloss Zuckerburg der Zuckerfee, die zu Ehren ihrer Gäste ein Fest mit tanzenden Leckereien veranstaltet. Zuletzt erwacht Klara aus ihrem Traum.

Ein Jahr vor »Hänsel und Gretel«, am 18. Dezember 1892, kam »Der Nussknacker« zum ersten Mal auf die Bühne, im Mariinski-Theater von Sankt Petersburg, und machte sich gleich beliebt mit dem Kampf zwischen dem Unheimlichen und der Glitzerwelt von Schneeflöckchen und Zuckerfee, bei dem mal wieder die Liebe siegt. Heute verzichtet kaum mehr ein Opernhaus auf das »kurzweilige, gaumenbetörende Arrangement miniaturenhafter Zuckerkunst«, wie ein Musikwissenschaftler die Attraktionen der Musik beschrieb. Zumal es die beste Gelegenheit ist, Kinder an das Genre heranzuführen. An die achtzig Aufführungen des »Nussknackers« verzeichnen allein die deutschen Spielpläne im Dezember. Aber selbst wer nie eine Aufführung besucht hat, kennt die einprägsamsten Melodien, den »Trepak«, den »Tanz der Zuckerfee«, den »Marsch« und den »Tanz der Rohrflöten«. Sie gehören selbstverständlich auch in die Weihnachtsshow »Radio City Christmas Spectacular« in der New Yorker Radio City Music Hall, seit dem 21. Dezember 1933 feste Größe der Weihnachtsvorbereitungen im Big Apple und Pflichtprogramm für den Christmas-Tourismus aus Übersee.

Die Show lässt so ziemlich alle Weihnachtsmuskeln spielen und zeigt dabei – typisch amerikanisch – keinerlei Berührungsängste gegenüber Kitsch, inklusive echter Schafe und Kamele als Teil der lebendigen Krippe auf der Bühne. Jedes Jahr wird das Programm leicht variiert, aber die *living nativity* ist der Show seit ihren Anfängen ebenso erhalten geblieben wie die mittlerweile beinahe schon ikonische »Parade of the Wooden Soldiers« in ihren typischen Kostümen (inklusive der fast bretthart gestärkten Hosen). Das mag auf Puristen ziemlich kindisch und viel zu kommerziell wirken, entwickelt aber wegen der Professionalität, mit der von zart bis knallig so ziemlich jede Taste auf der Gefühlsklaviatur angespielt wird, seinen ganz eigenen Zauber. Hier stimmt vielleicht sogar, was Adorno einmal über Proust schrieb: »Die Treue zur Kindheit ist eine zur Idee des Glücks.« Jedenfalls macht das »Radio City Christmas Spectacular« offenbar ziemlich froh. Immerhin haben bis heute mehr als 75 Millionen Zuschauer die Show besucht. Darunter viele mehrmals. So wie auch ich. Ich finde, Weihnachten ist der Liberace unter den Festen. Wie für den Las-Vegas-Glamour-König gibt es auch beim Fest kein Zuviel des Guten. Es darf getrost ganz dick auftragen werden, mit mehr Glanz, mehr Sentimentalität, mehr Männern in Strumpfhosen.

Drei Nüsse

Ein Festival kürte ihn 1999 zum »Märchenfilm des Jahrhunderts«. Da lief *Drei Haselnüsse für Aschenbrödel* schon 24 Jahre im deutschen Fernsehen. Heute wird er alle Jahre mehr als ein Dutzend Mal pro Saison gezeigt, und nicht wenige schauen sich die tschechisch-ostdeutsche Koproduktion aus dem Jahr 1973 so oft an, bis sie selbst mitspielen könnten. Und zwar in allen Rollen. Eigentlich hatte sich Regisseur Václav Vorlíček einen Sommerfilm vorgestellt. Aber aus Solidarität mit den Schauspielern, die im Winter meist unter Auftragsflaute litten, drehte man in der kalten Jahreszeit. Produziert wurde in den Prager Filmstudios Barrandov – dem »Hollywood des Ostens« –, aber auch in Babelsberg bei Berlin und in den tief verschneiten Wäldern Tschechiens. Dass die Prinzessin als kleine Abweichung vom Original als dem Prinzen ebenbürtige talentierte Jägerin gezeigt wird, soll bei Filmschaffenden in arabischen Ländern für einige Irritationen gesorgt haben. Vorlíček konnte sie aber beruhigen. Schließlich läuft am Ende alles seinen geordneten

Märchengang: Der Prinz rettet die Prinzessin, und wenn sie nicht gestorben sind, dann leben sie noch heute.

Ebenso wie die meisten Darsteller dieses beliebten Weihnachtsmärchenfilms: Prinzessin Libuše Šafránková ist in ihrer Heimat weiterhin ein großer Star, feierte viele Erfolge, auf der Bühne und auch vor der Kamera. Prinz Pavel Trávníček ist Fernsehmoderator und gerade mit 66 Jahren zum dritten Mal Vater geworden. Rolf Hoppe, der König, war bei den Dreharbeiten schon ein bekannter Schauspieler der DDR und wurde dann einer der ganz Großen des wiedervereinten Deutschlands. Er blieb Weihnachten als Zeremonienmeister treu: Zwei Jahrzehnte lang war er in der Adventszeit die Attraktion von stets ausverkauften Leseabenden auf Schloss Weesenstein. Ein anderes Schloss – Moritzburg bei Dresden – gab damals bei den Dreharbeiten die königliche Kulisse und ist bis heute Romantik-Hotspot. Nicht nur für Fans, die, wie es Insider nennen, »3HfA« nachreisen. Die Treppe, auf der Aschenbrödel ihren Schuh verlor, ist ein beliebter Platz für Heiratsanträge, und auch alles Folgende lässt sich in Moritzburg abwickeln: In der barocken Schlosskapelle kann man sich kirchlich trauen lassen und standesamtlich im Augustzimmer oder im romantischen Fasanenschlösschen. Alles nachzulesen auf der Website dreihaselnuessefueraschenbroedel.de, die einer der größten Fans des Märchens, Kathrin Richter aus Meschede im Sauerland, für Seelenverwandte einrichtete.

Hier erfährt man auch, dass das Lied, zu dem der Prinz und die Prinzessin am Ende hinter dem Horizont verschwinden – »Kleiner Vogel, wo ist dein Nest?« –, in der tschechischen Originalversion (»Kdepak ty ptácku hnízdo máš?«) von Karel Gott gesungen wurde. Das gefiel aber dem beim WDR für die deutsche Erstausstrahlung zuständigen Redakteur Gert K. Müntefering nicht. In einem Artikel, der Ende 2011 in den *Potsdamer Neuesten Nachrichten* erschien, schreibt er zu dem Moment, als er Karel Gotts Gesang hörte: »Es war so, als würde über eine schöne Torte gleichzeitig Buttercreme und Sahne gegossen – gekrönt mit einem Baiser … der Film veränderte sich und wurde aus einem Kunst- zu einem Zuckerwerk.« Und so wurde Karel Gott in der deutschen Fassung durch eine Oboe ersetzt. Karel Svoboda, der 2007 verstorbene Komponist der Filmmusik, meinte einmal, ihn habe diese Entscheidung mindestens zwei Goldene Schallplatten gekostet, ganz zu schweigen von den entgangenen GEMA-Einnahmen. Zumindest in Tschechien und in der Slowakei ist sein Lied aber so populär wie der Film selbst. Sogar in Norwegen kennt man es. Dort wurde der Film nicht synchronisiert, man ließ nur einen Erzähler über den Originalton hinweg die Geschichte wiedergeben.

Weihnachtszeit ist eben überall immer auch Fernsehzeit. Zum einen, weil es vermutlich keine bessere Möglichkeit gibt, aufgedrehten Kindern die Zeit bis zur Bescherung zu überbrücken und sich selbst ein wenig Luft zu verschaffen. Zum anderen, weil einen diese Filme selbst so lange schon begleiten. Sie bringen einen in all die vergangenen Weihnachten zurück, als man selbst noch mit großen Kinderaugen vor den Klassikern saß: *Ist das Leben nicht schön?* (1946), *Das Wunder in der 34. Straße* (1947), *Wir sind keine Engel* (1955), *Eine Weihnachtsgeschichte* (1959), *Der kleine Lord* (1980), *Kevin – Allein zu Haus* (1990), *Night before Christmas* (1993), *Santa Claus – Eine schöne Bescherung* (1994), *Der Grinch* (2000), *Tatsäch-*

lich Liebe (2003). Der vermutlich überhaupt erste Weihnachtsfilm – *Santa Claus* – von dem Briten George Albert Smith erschien zwar schon im Jahr 1898, und es folgten bald weitere, 1900 etwa *Le rêve de Noël* unter der Regie von Georges Méliès oder 1901 eine fünf Minuten lange Stummfilmsequenz von *Charles Dickens' Weihnachtsgeschichte* (Regie Walter R. Booth), aber so richtig in Fahrt kam die Weihnachtsfilmproduktion erst in den Dreißiger- und Vierzigerjahren.

Seitdem wird das Repertoire ständig erweitert und Weihnachten praktisch durch alle Genres – von Romanze über Action und Zeichentrick bis Horror und sogar Western durchdekliniert: In *Spuren im Sand* (1948) lässt John Ford drei Bankräuber in der Wüste ein Baby finden, durch das sie wieder auf den Pfad der Tugend gelangen. Erst im Kino. Dann im TV. Denn natürlich landet alles, was einmal auf der großen Leinwand war, irgendwann im Fernsehen. Wenn es nicht ohnehin von Anfang an dafür gedacht war. So wie Loriots *Weihnachten bei Hoppenstedts* (1978), das einen in der beruhigenden Gewissheit zurückließ, dass Weihnachten immer noch schlimmer geht als das eigene daheim. Oder *Single Bells* (1997) und sein zweiter Teil *O Palmenbaum* (2000) unter der Regie von Xaver Schwarzenberger, und auch die Weihnachtsfilme der DDR wie *Ach du fröhliche* (1962).

Nicht zu vergessen die Mehrteiler, mit denen das Fernsehen uns – zumindest früher – von Advent bis Neujahr an den Schirm bannte. *Sissi,* der Prinzessinnentraum aller kleinen und großen Mädchen. Mit Kleidern wie Baisertorten, mit Herzschmerz in der Familienpackung und Frisuren wie Brezelgebirge, und das alles in Farbe. »Sissi pappt an mir wie Grießbrei«, soll Romy Schneider einmal gesagt haben. Und nicht nur an ihr. Der royale Dreiteiler aus dem Jahr 1956 pappt seit mehr als einem halben Jahrhundert auch an Weihnachten. Ebenso wie *Die Schatzinsel* (1966), *Tom Sawyers und Huckleberry Finns Abenteuer* (1968), *Die Lederstrumpf-Erzählungen* (1969), *Der Seewolf* (1971) mit der berühmten Szene, in der Raimund Harmstorf als brutaler Robbenfänger Rolf Larsen in der Kombüse eine angeblich rohe Kartoffel mit der bloßen Hand zerquetscht. Einfach so. Generationen von kleinen Jungs und großen Angebern beschäftigte die Frage, wie er solch übermenschliche Kräfte aufbringen konnte und wie man es nachmachen kann. Ob es da vielleicht einen Trick gab, in der Art, wie man die Kartoffel anfasst. Bis herauskam, dass der Erdapfel vorgekocht oder in irgendeiner anderen Weise manipuliert war, und der Superheldennimbus dahin war. »Abenteuervierteiler« nannte man die insgesamt sechzehn Fernsehverfilmungen, die zwischen 1964 und 1983 nicht nur, aber auch in der Weihnachtszeit gezeigt wurden. Neuverfilmungen wie etwa jüngst die RTL-Produktion *Winnetou* versuchen mit großem Aufwand, an den Erfolg dieser TV-Weihnachtsrituale anzuknüpfen, doch mittlerweile sitzen immer mehr Jugendliche lieber jeder für sich vor dem Tablet oder dem PC und ihrer Lieblingsserie made in USA. Ein digitaler Panikraum, in dem sich immer mehr Menschen unter dreißig vor den Zumutungen des öffentlich-rechtlichen TV-Grinch, vor »Weihnachten mit Helenefischercarmennebelfloriansilbereisen« schützen. Zum Glück haben von *Big Bang Theorie* über *How I Met Your Mother, Die Simpsons, Mad Men, 30 Rock* alle ihre Christmas-Episode. Auch die *Peanuts.* 1965 wurde zum ersten Mal *A Charlie Brown Christmas* ausgestrahlt, in dem

Charlie Brown nach dem wahren Sinn von Weihnachten sucht. Mit einem echten Baum statt eines Aluminium-Lookalike, mit dem Lukasevangelium und als herzergreifendes Plädoyer gegen den Konsumrummel. Man merkt, dass der Schöpfer der *Peanuts,* Charles Monroe Schulz, sehr religiös und aktiv in der freikirchlichen Church of God war, der er jährlich Zehntausende Dollar spendete. »Man könnte sagen, dass Gott zehn Prozent der Anteile an den ›Peanuts‹ hält«, sagte er einmal in einem Interview. Seine Weihnachtsbotschaft – »Wir erweisen Gott die größte Ehre, wenn wir liebevoll miteinander umgehen« – wurde zwar längst nicht umgesetzt, aber von Anfang an geschätzt: Schon bei der TV-Premiere kam das Christmas-Special auf eine Zuschauerquote von fünfzig Prozent, und noch immer wird es in jeder Vorweihnachtssaison Dutzende Male im US-Fernsehen wiederholt und ist damit das amerikanische *Drei Haselnüsse für Aschenbrödel.*

Bleibt die Frage: Sollte an den Feiertagen überhaupt die Glotze laufen? Oder der DVD-Player oder der Streamingdienst? Sollte man gerade da nicht eher auf den schön geschmückten Tannenbaum, in die frohen Gesichter seiner Lieben, auf die herrlichen Geschenke des Liebsten, das Notenblatt von »Stille Nacht«, in das Lukasevangelium und auf einen reich gedeckten Tisch schauen? Ist denn noch niemandem aufgefallen, dass in einer perfekten Weihnachtswelt, wie sie uns gerade die Weihnachtsfilme und -serien so verlockend vorführen, die Glotze praktisch nie läuft? Und sollten sich die Feiertage nicht irgendwie vom Alltag unterscheiden? Tun sie auch. Laut einer Umfrage von Reader's Digest schauen die Deutschen an Weihnachten mehr fern als sonst, liegt die durchschnittliche Fernsehdauer am ersten und am zweiten Feiertag um zehn Prozent höher als im Monatsdurchschnitt, nämlich bei fast 4,5 Stunden pro Tag. Nur am Heiligen Abend selbst, da sind es dreißig Minuten weniger als sonst. Die sind vermutlich für Geschenke aufreißen und das von den Kindern vorgetragene Weihnachtslied eingeplant. Ich kenne Familien, in denen man danach noch gemeinsam isst, bevor die – erwachsenen – Kinder in ihr ehemaliges Kinderzimmer gehen, um zu schauen, was ihnen behagt, während die alten Eltern in ihren getrennten Schlafzimmern jeweils ein anderes Programm wählen. Man könnte ihnen sagen: »Andere wären froh, wenn sie noch ein Familienmitglied zum Feiern hätten« oder »Nächstes Jahr wünsche ich mir zu Weihnachten einen totalen Stromausfall!«.

Andererseits rettet der Kasten vielen Familien die Weihnachtsstimmung, kann so ein Weihnachtsfilm bei einem Mehrgenerationenfest ein ziemlich tragfähiger kleinster gemeinsamer Nenner sein. Im internationalen Vergleich ist der Fernseher vielleicht sogar das größte gemeinsame Vielfache – als weltweit anerkannte Weihnachtsrequisite. In England beispielsweise kam eine Umfrage zu dem Ergebnis, dass die Briten Weihnachten ohne TV gar nicht überstehen könnten. Sie würden demnach fast lieber auf Geschenke und sogar auf die Party am 24. Dezember verzichten als auf ihr Feiertagsfernsehprogramm. Auf die Weihnachtsepisoden von *Only Fools And Horses,* »beliebteste Sitcom aller Zeiten«, oder auf *Scrooge* und natürlich die Weihnachtsansprache der Queen. In Italien sitzt man ebenfalls vor dem Kasten, gehören die *Cinepanettone* – eine Wortschöpfung aus »Kino« und »Panettone«, dem typischen Weihnachtskuchen – ganz selbstverständlich dazu. Es sind meist qualitativ eher bescheidene Filmproduktionen mit ziemlich sexistischem Humor und Inhalt, die zur Weihnachts- und Neujahrszeit als Schenkelklopfer mit Darstellern wie Christian De Sica über die Kinoleinwände flimmern, mal kurz ein wenig Kasse machen, um im nächsten Jahr im Fernsehen Wiederauferstehung zu feiern.

Auch zur schwedischen Weihnachtskultur gehört das Fernsehen dazu: Man schaut in der Adventszeit die TV-Übertragung des größten Weihnachtskonzerts des Landes, »O, Helga Natt« (»Oh, Heilige Nacht«), und singt daheim mit. Sofern man nicht zu den 20 000 Teilnehmern vor Ort gehört, die nach dem *Allsång*-Prinzip zwischendurch immer auch mitschmettern können. Übrigens ein so verlockendes Angebot, dass sich Reiseveranstalter schon auf entsprechende Packages spezialisiert haben. Am Heiligen Abend selbst pflegt man in Schweden eine besonders bizarre TV-Tradition: Ab fünfzehn Uhr wird Donald Duck geschaut – erst danach kann das *julbord,* das traditionelle Weihnachtsessen, beginnen. In Brasilien ist der Entertainer Roberto Carlos – der »Udo Jürgens von Rio«, wie ihn die *Süddeutsche Zeitung* mal nannte, so etwas wie der Weihnachtsverkünder. Seine Sendung *Roberto Carlos Especial* gilt seit 1974 als Kernstück des Festes und als ein ähnlicher vorweihnachtlicher Straßenfeger wie die spanische Weihnachtslotterie, die *Sorteo de Navidad,* mit ihrer enormen Gewinnsumme die größte Lotterie weltweit. Entsprechend protzig ist die Fernsehshow um die Ziehung zwei Tage vor Heiligabend. Da der Hauptpreis *El Gordo* (»Der Dicke«) und die vielen kleinen Preise – in einer Gesamthöhe von 2,3 Milliarden Euro – jeweils durch die Kombination aus

Gewinnsumme und Losnummer ermittelt werden, sind insgesamt fast 2000 Ziehungen nötig. Die Übertragung zieht sich daher über Stunden.

Und was wäre »Urbi et Orbi« ohne das Fernsehen? Ein Hörspiel allenfalls. Nicht nur für meine Schwiegermutter war der Weihnachtssegen des Papstes am ersten Weihnachtsfeiertag eine geliebte Tradition. Die Friedensbotschaft der katholischen Kirche schauen etwa 1,2 Milliarden Gläubige in mehr als sechzig Ländern. Nach dem Verständnis der katholischen Kirche wird mit dem päpstlichen Segen ein vollkommener Ablass gewährt. Gewöhnlich müssen Katholiken sonst dafür wenigstens eine Wallfahrt machen. Das hilft auch dabei, sich allein vor dem Fernseher daheim nicht so einsam zu fühlen. Denn für die, die niemanden mehr haben, kann der Gedanke, in weltweiter Gemeinschaft vor der Glotze zu sitzen, möglicherweise ein kleiner Trost sein. Gerade zum Fest.

Mein Favorit ist eine Mischkalkulation. Wie die überwiegend meisten meiner Generation bin ich mit einem gemäßigten Weihnachtsfernsehkonsum aufgewachsen. Deshalb besteht das familiäre Festprogramm aus Tannenbaumbestaunen, Essen mit der Familie, Bescherung, aus *Drei Männer im Schnee* von Erich Kästner aus dem Jahr 1955 mit Paul Dahlke und Claus Biederstädt, Nicole Heesters und Günther Lüders, dem Besuch der Christmette um 22 Uhr und später sanftem Entschlummern auf dem Sofa. Weil es immer so war und hoffentlich noch lange so bleiben wird.

Morgen, Kinder, wird's was geben

Seien wir ehrlich: Die Bescherung ist der eigentliche Höhepunkt des Festes. Ohne das Geräusch von aufgeregt aufgerissenem Papier, das ergriffene Einatmen oder den lauten Jubel, wenn das Richtige getroffen wurde, wäre Weihnachten nur der halbe Spaß. Wir Erwachsenen mögen uns trotzdem noch mehr oder weniger erfolgreich einreden, die Weihnachtsattraktionen bestünden im Wesentlichen aus der Ankunft Christi, frohem Beisammensein und Besinnlichkeit in der Familienpackung. Aber für Kinder ist das Beste am ganzen Weihnachten eindeutig die Aussicht auf möglichst viele wunderbare Päckchen unter der Tanne.

Damit liegen sie seit Luther durchaus im Plansoll des Festes. Jedenfalls so, wie es sich der Reformator erdacht hat, als er den Brauch des Beschenkens auf den 24. Dezember verlagerte und ihn in die Hände des Christkinds legte. Schließlich hatte man das auch beschenkt, und selbst war es ja sowieso das größte Geschenk, das jemals der Menschheit gemacht wurde, womit die Sache argumentativ bestens abgesichert war. Zunächst wurden nur die Kinder bedacht, außerdem Dienstboten, Angestellte und die Tiere. Man glaubte ja lange, dass Letztere in dem Stall und in der Nacht, in der Jesus geboren wurde, das Sprechen lernten, um den Menschen die Frohe Botschaft zu verkünden. Nun wollte man nicht riskieren, dass das Vieh seine guten Drähte nach oben dazu nutzte, einem die Aussicht aufs Paradies zu verbauen. Mit ein paar Extraleckereien sollte das erledigt sein.

Bereits die ersten Weihnachtsmärkte führten Spielzeug, und in Nürnberg war der Nachwuchs sogar überzeugt, das Christkind höchstpersönlich kaufe auf »seinem« Markt ein, was später am Heiligen Abend auf dem Gabentisch lag. Seit dem 15. Jahrhundert war Nürnberg Mittelpunkt der Spielzeugproduktion, von Ritterfiguren, Tiernachbildungen, von ersten Schaukelpferden, komplett eingerichteten Puppenstuben, von Holzsoldaten, Steckenpferden, Spielzeuginstrumenten wie Trommeln (die in den bürgerlichen Haushalten mit ihren XXL-Behausungen noch nicht allzu sehr die elterlichen Nerven strapazierten) und aus Holz geschnitzten oder gedrechselten Puppen, die sich hervorragend verkauften. Der »Nürnberger Tand« eroberte rasch den bis dahin bekannten Weltmarkt. Bespaßt wurde natürlich strikt geschlechtsspezifisch. Während die Mädchen früh an Puppen das Nähen und Sticken übten und an den Puppenstuben die Häuslichkeit und die Heldenversorgung, wurden die Jungs auf das Leben draußen vorbereitet, auf das Lenken, Bauen und Länderüberfallen. Zinnsoldaten, die bald in verbilligter Massenproduktion hergestellt wurden, waren heiß begehrt. Es gab Abbildungen aller Armeen der Welt, und man konnte ganz umstandslos von daheim den nächsten Krieg vorbereiten.

Auf den damals üblichen Wunschzetteln fand man Spielwaren aber nicht. Bis Mitte des 19. Jahrhunderts gab es keine Bestellscheine an das Christkind. Man wünschte nicht sich selbst etwas, sondern anderen: Großeltern, Eltern, Tanten und Onkeln. Nämlich Glück, ein langes Leben und überhaupt das Beste. Die Kinder bedankten sich außerdem schriftlich bei den Erwachsenen für Schutz, Pflege und Ernährung, gelobten, folgsam zu sein, und baten um Gottes Segen. Und zwar so ostentativ unterwürfig, als würde eine ganze Generation unter dem Stockholmsyndrom leiden. So schrieb etwa Latha von Werner aus Wulfsdorf am 25. Dezember 1841 an die »lieben theuren Eltern«: »Möge Gott der Herr der Welten / Eure Liebe Euch vergelten. Denn ich kann es nicht, bin schwach und klein / Werde ewig Euer Schuldner sein.« Auguste Flügge lobhudelte 1847: »Theure Eltern! Es vergeht wohl kein Tag im Jahre, an welchem ich es nicht tief empfinde, was ich Euch, geliebte Ältern, zu verdanken habe.« Und der Hamburger Johann Hieronymus Jantzen suchte sich 1872 mit »Vater! Mit Entzücken nenn ich diesen Namen« bei seinem Erziehungsberechtigten beliebt zu machen. Das Ganze sollte, wie auf *Spiegel Online* nachzulesen, nicht nur in Schönschrift und inbrünstig verfasst sein, sondern musste an Weihnachten auch noch vor der versammelten Familie vorgetragen werden. Bis der Kapitalismus die Kinder vom offiziellen Teil des Speichelleckens erlöste.

Mit der Industrialisierung brachten die Spielzeughersteller zusammen mit ihren Massenprodukten auch gleich vorgefertigte Wunschzettel auf den Markt. Adressiert wurden sie nun an das Christkind oder den Weihnachtsmann. Das war für alle Beteiligten praktisch. Im Zweifel trug eines der beiden himmlischen Wesen die Verantwortung dafür, dass es wieder einmal nicht zu einem Fahrrad gereicht hatte, und die nervige kleine Schwester offenbar nicht für immer auf einen anderen Stern entführt werden konnte. Es steigerte außerdem das Überlegenheitsgefühl von Eltern und älteren Geschwistern, die Kleinen so dermaßen an der Nase herumzuführen. Und die Pflicht zum Bravsein wurde ja trotzdem erhalten. Nur wer folgsam war, durfte hoffen, die Gabenbringer milde zu stimmen. Dafür entfiel die Pflicht zur Dankbarkeit. Wenigstens, solange man noch daran glaubte, dass es da einen extraterrestrischen Lieferservice gab.

Die Kinder stehn mit hellen Blicken

Was der Gabenbringer jeweils im Wohnzimmer hinterließ oder was manchmal so bitter vermisst wurde, ist auch ein Who's who der Kindersehnsüchte. Die Hauptdarsteller von Anfang an: Schaukelpferd, Puppen, Baukästen, Fahrräder, Laternae Magicae, Modelle von Eisenbahnen und Schiffen. Ab 1895 hielt die erste schienengebundene dampfbetriebene Spielzeugeisenbahn von der damals noch jungen Firma Märklin für lange Zeit die Poleposition der Buben-Begehrlichkeiten. Abgelöst wurde sie von Eisenbahnen mit elektrischem Antrieb, die lange, lange ihre Vormachtstellung im Jungenzimmer behaupten konnten. Auch dank der Väter, die sich damit vor allem selbst eine Freude bereiteten.

Margarete Steiff steuerte ab 1880 vom schwäbischen Giengen an der Brenz aus ihre legendären Stofftiere bei. Das erste ist das »Elefäntle«, ein kleiner Elefant, der den

Grundstein für die Manufaktur Steiff legt. Bis 1886 wurden davon 5000 verkauft. 1902 erblickt der Bär 55 PB das Kunstlicht der Leipziger Spielwarenmesse. Es ist der weltweit erste Plüschbär mit beweglichen Gliedmaßen. 55 PB bedeutet, dass er 55 Zentimeter groß, aus Plüsch (P) und beweglich (B) ist. Zunächst macht er sich vor allem in den USA beliebt und erhält dort auch seinen Namen. Der amerikanische Präsident Theodor Roosevelt soll seiner Tochter einen 55 PB geschenkt haben, und die nannte das Stofftier nach dem Spitznamen ihres Vaters »Teddy«. Soweit die deutsche Version. Nach der amerikanischen Variante hatte Roosevelt bei einer Jagd auf Schwarzbären zum Glück für den Bären kein Glück. Man wollte den Präsidenten aber nicht mit diesem Kratzer an seinem Ego nach Hause lassen. Also fing man ihm ein Jungtier und band es an einen Baum. Roosevelt verweigerte jedoch die peinliche und unmännliche »Gatterjagd«. In der amerikanischen Tageszeitung *Washington Post* erschien daraufhin eine Meldung über die erfolglose Bärenjagd, begleitet von einer inzwischen weltberühmten Karikatur. Clifford K. Berryman zeichnete Roosevelt, der den kleinen Bären verschont. Ein Ladenbesitzer bastelte daraufhin einen Bären für sein Schaufenster und bat Roosevelt um sein Einverständnis, ihn »Teddy Bear« nennen zu dürfen. Wie dem auch sei. Allein im Jahr 1907 stellen die 400 Mitarbeiter der Manufaktur Steiff und 1800 Heimarbeiter neben vielen anderen Spielzeugartikeln 973 999 Teddybären her.

Der Teddy gilt damals als die Puppe für Jungen, an der sie ihr Kuschelbedürfnis in allen Männerehren ausleben dürfen. Während umgekehrt bei den Mädchen leider nicht vorgesehen ist, ihre handwerklichen und intellektuellen Fähigkeiten etwa an einem Physikbaukasten »Elektrowissen leicht gemacht« zu schulen. Ihre Spielzeugwelt bleibt klein. Das zeigt die Werbung eines Bremer Warenhauses aus dem Jahr 1928 mit seinen »Schätzen aus dem Reiche des lieben Christkindleins«. Da gibt es für Mädchen, wie Doris Foitzik in *Rote Sterne, braune Runen* zitiert, »Sitzbabys und Gelenkpuppen, gekleidete Puppen, Käthe-Kruse-Puppen, Künstlerpuppen, Kaufläden, Ladentheken, Verkaufsstände, Puppenküchen, Puppenstuben, Puppenhäuser, Puppenmöbel, Laden- und Küchenartikel, Kochherde, Services, Wiegewaagen, Puppenwäsche und -kleider, Strick-, Häkel- und Nähkästen, Nähmaschinen, Puppenwagen, Bauernwagen, Puppenbetten und Wiegen.«

Mit der Erfindung des Kunststoffs werden Spielsachen immer billiger und zugänglicher. Das bedeutet aber bis heute nicht, dass alle gleichermaßen an den Weihnachtsfreuden teilhaben. Ein von zahlreichen Präsenten flankierter Prachttannenbaum, diese bürgerliche Weihnachtsmatrix, darf ja nicht darüber hinwegtäuschen, dass ein solch üppiges Fest für viele ungefähr so unerreichbar bleibt wie der Mond. Von Heinrich Zille stammt eine Zeichnung aus dem Jahr 1925, auf der sich Arbeiterkinder vor einem reich ausgestatteten Weihnachtsschaufenster die Nase platt drücken. Unterschrift: »Ick träume nachts – det jehört alles mir!« Wer so ein Fest mit ausschließlich unerfüllten Wünschen nicht selbst erlebt hat, der kann es in der Autobiografie *Jugendgeschichte einer Arbeiterin* der österreichischen Arbeitertochter Adelheid Popp (1869–1939) nachlesen. Die Frauenrechtlerin und Sozialistin erzählt darin, wie ihre Mutter für ihre Kinder wochenlang auf einen Weihnachtsbaum spart. Am Heiligen Abend kommt der Vater betrunken und zu spät nach Hause. Beim anschließenden Streit verkriecht sich das verängstigte Mädchen im Bett und muss beobachten, wie der Vater in seiner Wut den so mühsam angeschafften Weihnachtsbaum zerhackt.

In den 1920er-Jahren musste ein Arbeitsloser mit nur 12,50 Mark Unterstützung sich und seine Familie über die Runden bringen. Modellschiffe und große Lokomotiven aber kosteten auch noch nach der Inflation zum Teil mehrere Hundert Mark. Nur mit großem Aufwand war da höchstens noch der Steinbaukasten für zwei Mark drin oder die billigste mechanische Lokomotive zu 3,50. Der *Vorwärts,* die Zeitung der Sozialdemokraten, veröffentlichte in diesen Jahren die Wunschzettel Berliner Kinder, die viel zu früh viel zu vernünftig sein mussten: »Mein Vater möchte bald aus dem Krankenhaus kommen und Arbeit haben. Dann kann ich mir Schuhe und eine Kutte (Kleid) wünschen.« Ähnlich trostlos war die Geschenkelage dann in der Kriegs- und Nachkriegszeit. Aber sie brachte auch ungeahnte Kreativität hervor. In einer Ausstellung des Nürnberger Spielzeugmuseums konnte man bestaunen, welche Wunder bitterste Armut, Fantasie und das dringende Bedürfnis, seinen Kindern trotzdem eine Freude zu bereiten, vollbringen: eine Plüschbärin mit dem hübschen Namen Brummhilde, von Maria Wekerle für ihre Tochter Traudl, die ein Jahr zuvor zur Welt gekommen war, aus der Uniformhose eines amerikanischen Soldaten geschneidert; eine Puppenstube mit über hundert Einzelteilen, geschnitzt von der alleinerziehenden Mutter Wilhelmine Vogel für ihre Tochter Gertrud; der Bahnhof »Horstberg«, gebaut aus Flugzeugteilen und anderen Materialien, die der sechsjährige Horst Moritz

1946 gemeinsam mit seinem Vater auf einem Lagerplatz in Neumarkt in der Oberpfalz »organisiert« hatte, obwohl Munition, Panzer und viele Ersatzteile aus der deutschen Rüstungsindustrie von Soldaten aus der Ukraine streng bewacht wurden. Aus Gasmaskenfiltern wurden Kreisel und Jo-Jos gebastelt, aus Regenschirmgestänge ein Karussell.

Neben dem sogenannten Notspielzeug war oft der Gabenteller das einzige Geschenk: ein aus Papier gepresster und bedruckter Teller, der im besten Fall mit ein paar mühsam beschafften Süßigkeiten bestückt war. Und nicht selten fand man alte Bekannte unter der Tanne. Meine vierzehn Tanten väter- und mütterlicherseits erzählten immer, wie kurz vor Weihnachten die Lieblingspuppe oder die Puppenstube verschwand, um am Heiligen Abend runderneuert auf dem Gabentisch wieder aufzutauchen. Die Onkel steuerten dazu Berichte von Fußbällen aus Altkleidern bei. Als Kinder fanden wir diese »Früher gab's ja nix«-Geschichten ziemlich öde. Für uns waren es Nachrichten aus der Kreidezeit. Wir mussten erst noch ein wenig älter werden, um zu verstehen, wie zeitlos sie eigentlich sind. 2,5 Millionen Kinder leben heute laut Kinderschutzbund im reichen Deutschland in Armut. Das heißt, bereits beim Kauf von Kinderkleidung und Schulmaterial kommen Eltern an ihre Grenzen. An neue Fußballschuhe oder ein neues Smartphone ist gar nicht zu denken. Und im Unterschied zu der Kindheit meiner Eltern, Tanten und Onkel haben ja nicht die meisten wenig, sondern haben viele weit mehr und hauen es zu Weihnachten gern raus.

Rund 280 Euro investiert jeder Deutsche durchschnittlich in Weihnachtsgeschenke. Auch in einen Spielwarenmarkt, den die Hersteller alljährlich mit etwa 75 000 Neuheiten füttern. Man könnte meinen, da sei wenigstens genug für jene da, die es sich leisten können. Doch trotz der Fülle gibt es immer mal wieder Engpässe. Dann nämlich, wenn ein Spielzeug besonders beliebt ist. So gingen LEGO schon des Öfteren zu Weihnachten die Steine aus. Wie 2012, als die »LEGO Friends«-Reihe für Mädchen zum Wunschzettel-Spitzenreiter avancierte, und ebenso 2014, als das »LEGO Minecraft«-Set alle Verkaufsrekorde brach. 2016 waren in den USA die Hatchimals – ein Tamagotchi 2.0 – in kürzester Zeit total ausverkauft, und Eltern kamen in eine ähnlich missliche Lage wie Arnold Schwarzenegger in dem Film *Versprochen ist versprochen.* In der Komödie liefert er sich als Familienvater Howard Langston am Weihnachtstag wahnwitzige Schlachten mit anderen Vätern, nur um für seinen Sohn den letzten Turbo-Man, eine, ach was, *die* Actionfigur zu ergattern. Sein energischster Gegenspieler ist der Postbote Myron. Bei ihrer ersten, noch friedlichen Begegnung weiht Myron Howard in eine globale Weihnachtsverschwörung wider die Väter ein:

Myron: »Das ist ein Komplott, das wissen Sie!«

Howard: »Ein Komplott?«

Myron: »Leben Sie hinterm Mond? Das sieht man andauernd im Fernsehen! Wir werden ferngelenkt von reichen und mächtigen Spielzeugkartellen!«

Howard: »Ich bitte Sie …«

Myron: »Da oben sitzen diese fetten Säcke und benutzen kleine arme Malocher wie uns. Die verballern Milliarden von Dollar in Fernsehwerbung, und dann hocken sie da und setzen unterschwellige Botschaften ein, um kleinen Kindern den Verstand abzusaugen! Und ich weiß, wovon ich spreche, ich hatte nämlich am Junior College ein Semester Psychologie, ich weiß, was los ist, ich blicke voll durch! Und der Kleine steht da wie ein Idiot, wenn er das Ding nicht bekommt. Weil ich als Vater 24 Stunden am Tag ackere und Post austrage, nur für die Zahlung von Alimenten für eine Frau, die echt mit allen Typen im Bett war, außer mit mir! Wenn Sie das Spielzeug gekauft haben, dann geht es kaputt, und Sie kriegen es nicht wieder hin, weil das ganze Ding Plastik ist! Wissen Sie, wozu ich Lust habe!? In so ein Büro zu marschieren, mir einen dieser Typen zu schnappen und zu würgen. Zu würgen, bis die Augen aus den Höhlen fallen!«

Eine hübsche Idee, die die Regierung von Venezuela 2016 so ähnlich in die Tat umsetzte. Weil ein Spielwarenhändler vor Weihnachten Spielzeug gehortet hatte, um es unmittelbar vor dem Fest überteuert verkaufen zu können, konfiszierte der Staat die 3,8 Millionen Produkte aus den Lagerbeständen und brachte sie zu einem »gerechten Preis« auf den Markt. »Unsere Kinder sind heilig, wir lassen euch nicht deren Weihnachten rauben«, verkündete die dafür verantwortliche Behörde auf Twitter kämpferisch.

In Deutschland greift man zu weniger radikalen Methoden, um Weihnachten auch für diejenigen Kinder zu retten, deren Eltern sich das Fest eigentlich nicht leisten können. Bundesweit gibt es Aktionen wie die des Frankfurter Kinderbüros: Kinder, die unterhalb der Armutsgrenze leben, füllen einen Wunschzettel aus, der an einen Weihnachtsbaum an einem öffentlich zugänglichen Ort gehängt wird. Erwachsene suchen sich einen der Zettel aus, kaufen das Gewünschte und bringen es entweder ins Kinderbüro oder zu einem der teilnehmenden Geschäfte. Fast 4000 Wunschzettel an knapp achtzig Weihnachtsbäumen kommen da schon mal zusammen. »Für viele Kinder ist dieses anonyme Geschenk das einzige, das sie zu Weihnachten erhalten«, so die Projektbetreuerin der Initiative. Einige Firmen haben ähnliche Aktionen ins Leben gerufen. Die Zeit ist schließlich günstig, um die Herzen der Menschen für andere zu erweichen. Als ob die Not den Rest des Jahres pausieren würde, fällt den meisten immerhin zum Fest ein, dass andere vielleicht Hilfe brauchen.

Alle sind grundmilde gestimmt und lockern ausnahmsweise einmal gern den Klammergriff um ihren Geldbeutel. Entsprechend befindet sich die Spendenbereitschaft im Dezember auf einem Alljahreshoch. Ein Drittel des jährlichen Spendenaufkommens fließt jetzt. Vielleicht liegt es an der Vorstellung, dass man dereinst an Petrus' Tor mit ein paar Spendenquittungen winkend zügig an den Nichtspendern vorbei in Richtung Paradies ziehen darf? Möglicherweise geht einem der Gedanke, dass es anderen sehr viel schlechter geht, an Weihnachten besonders nahe. Obwohl noch viel Luft nach oben wäre. Auf dem World Giving Index der Charities Aid Foundation belegt das vergleichsweise reiche Deutschland unter den 135 untersuchten Ländern nur einen ziemlich lausigen 21. Platz. Auf Platz 1 – das dritte Jahr in Folge – das arme Myanmar. 91 Prozent der über Fünfzehnjährigen dort geben gern etwas ab.

Armut hinterlässt nicht nur enttäuschte Kinder. Dem »Wir hatten ja nix« verdanken sich auch zahllose Legenden von der »wahren Weihnacht«, in der noch die echten

Gefühle im Vordergrund standen und nicht der Konsumrummel. Wo Bescheidenheit regierte statt Maßlosigkeit. Wo Kinder »dankbar« waren noch für die geringste Kleinigkeit, anstatt wie in dem Märchen vom kleinen Häwelmann immer nur noch »Mehr, mehr, mehr« zu schreien. Sobald es wieder »etwas gab«, häuften sich deshalb nicht nur die Geschenke, sondern lief auch die nostalgische Verklärung des Nichts zu Hochform auf. Bereits in den Fünfzigerjahren wurden die ersten konsumkritischen Kommentare laut; in den Sechzigern ätzte man gegen die Verschwendungssucht, gegen Fernsehtruhen statt Selbstgestricktem, gegen den Überfluss im Kinderzimmer. Und noch in den Siebzigern befand eine Tante, dass wir nicht zu schätzen wüssten, was uns die Gnade der späten Geburt so großmütig bescherte: je drei Kinderunterhosen für uns drei Geschwister aus dem Billigkaufhaus.

Jahr um Jahr schickte sie uns nichts anderes. Bis wir das Paket schon gar nicht mehr zur Bescherung, sondern irgendwann an den Feiertagen öffneten. Wir konnten uns ja am Heiligen Abend praktisch blind bedanken. War ja sowieso immer das Gleiche drin. Meine geduldige Mutter hielt uns zunächst dazu an, am Telefon eine oscarreife Vorstellung ekstatischer Begeisterung abzuliefern. Aber nachdem sie für ihre Schwester zum Fest stets ein liebevoll zusammengestelltes Päckchen, auch mit immer anderen süßen Spielsachen für ihre Nichten, auf den Weg gebracht hatte und nie etwas anderes als Kinderunterhosen zurückkamen, sprach sie mit ihr. Sie sagte ihr, es käme ja auf keinen Fall auf den Preis an. Dass wir uns auch über ein Buch sehr freuen würden oder ein Puzzle. Über praktisch *alles.* Außer Unterhosen. Meine Tante fand das enorm verwöhnt und schickte fortan gar nichts mehr.

Meine Mutter dagegen packte unverdrossen weiter Weihnachtspakete für die Schwester. Sie war so etwas wie die Vorsitzende des Weihnachtsfanclubs und wollte sich keinesfalls von der schönen Idee verabschieden, dass man sich zum Fest nach Kräften eine Freude bereitet. Ganz uneigennützig und ohne auch nur einmal zu denken »Und, was hab *ich* davon?«. Das war ihre Reaktion auf »Wir hatten ja nix«. Gerade deshalb wollte sie ihren Kindern die denkbar schönsten Kinderweihnachten bereiten. Was ihr auch stets gelang. Nicht, dass wir wohlhabend gewesen wären. Aber unsere Wünsche waren den finanziellen Möglichkeiten unserer Eltern angepasst und wurden meist erfüllt. Ich bekam Susi, die Puppe mit den Klappaugen, Bücher, Kleidung, einmal ein Kinderbügeleisen von meiner Oma (in dessen Spitze ich noch während der Feiertage so unglücklich ganz knapp am Auge vorbei fiel, dass ich einen Tag in der Notaufnahme verbringen musste, was ein paar Wochen lang zu einigen Verwerfungen zwischen Oma und Mutter führte: »Das Kind hätte blind werden können!«), eine Lackledertasche, die ich mir wie wahnsinnig gewünscht hatte (und die mir beim ersten Ausführen herunterfiel, woraufhin meine kleine Schwester darüberlatschte und heftige Kratzspuren hinterließ).

Es gab eine Barbie für meine kleine Schwester und für meinen Bruder LEGO und eine Carrera-Rennbahn. Einmal wünschte er sich auch eine Puppe. Der männliche Teil der Verwandtschaft war entsetzt. Genauso hätte der Sechsjährige ankündigen können, über eine Geschlechtsumwandlung nachzudenken. Ob sich da nicht vielleicht Homosexualität anbahnte? Meinem Onkel fiel plötzlich ein, dass sein Neffe beim letzten Besuch sowieso auffällig viele Kopfkissen gebraucht hatte, um gut zu schlafen. Um *weich* zu schlafen? Einen ganzen Dezember lang musste sich meine Mutter anhören, dass eine Puppe einen Jungen in die völlig falsche Richtung führen könnte. Nämlich »ans andere Ufer«. Was dort so besorgniserregend sein sollte, erschloss sich uns nicht. Aber offenbar lauerte dort besonders für Männer eine lebensbedrohliche Gefahr. Eine Puppe schien für einen Jungen so etwas wie der Sicherungsstift einer Handgranate zu sein, den fahrlässig zu ziehen meine Mutter gerade im Begriff war. Sie kaufte trotzdem eine: einen Seppl, einen Jungen, der Lederhosen trug und einen Tirolerhut. Den hatte sie nach wochenlangem Suchen in einem Trachtenladen gefunden. Ein Kompromiss. Aber einer, mit dem mein Bruder sehr zufrieden war. Zumal wir Schwestern ihm dieses Ausnahmeexemplar in unserem ansonsten komplett weiblichen Puppenkosmos glühend neideten. Seit damals war klar: Schenken ist schön, aber auch ziemlich kompliziert und kann offenbar viel Ärger machen. Vor allem seit sich auch die Erwachsenen bescheren. Nicht umsonst haben »Gift« (althochdeutsch für Gabe) und »Geschenk« dieselbe etymologische Wurzel.

Es kommt ein Schiff, geladen

Die Bescherung war gerade bestens gelaufen. Beglückt saßen wir über unseren Schätzen, als es an der Tür klingelte. Die Nachbarin stand heulend im Flur und schluchzte Unverständliches. Als sie sich mithilfe von zwei Gläsern Keller Geister leidlich beruhigt hatte, erfuhren wir den Grund für das Weihnachtsabenddrama: Ihr Mann hatte sich an die vor dem Fest getroffene Verabredung gehalten, sich nichts zu schenken. Sie nicht. »Ich hhäähääätteee nieee gedacht, dass er sohohooo herzlos sein kann!«, schniefte sie. Und dann sagte sie noch, dass es ohnehin »*seine* bekloppte« Idee gewesen sei, das Beste am Fest einfach auszulassen.

Sie ließ sich bald scheiden. Zu Recht. »Wir schenken uns nichts« ist nach »Die Wohnung ist abgebrannt« der vermutlich trostloseste Satz, den man sich zum Fest vorstellen kann. Eine Weihnachtsbankrotterklärung. Genauso gut kann man sagen: »Ich habe keine Lust, mir über dich Gedanken zu machen.« Dumm ist es außerdem. Ein Präsent dient nämlich dem höheren Zweck, ein soziales Band herzustellen, das noch in schlechten Zeiten hält, so der Ethnologe Marcel Mauss, der mit dem Essay *Die Gabe* das Standardwerk über das Schenken schrieb. Meint: Präsente verschaffen einem einen emotionalen Kredit, von dem man ein ganzes Jahr zehrt. Ganz ohne dagegen gehen die Wohlwollensvorräte schneller zur Neige, als man »Fröhliche Weihnachten!« sagen kann. Sogar, wenn Frauen sich mit dem Arrangement einverstanden erklärten. Ohnehin nur aus Enttäuschung darüber, dass jemand überhaupt glaubt, auf die Gelegenheit, seine Zuneigung zeigen zu können, verzichten zu können. Weil sie keine Lust mehr haben, mindestens 35 Mal mit ihrem Mann an einem bestimmten Schmuckgeschäft vorbeizugehen und jedes Mal auf einen gewissen Ring zu zeigen, um dann Freude über eine hässliche Tasche vom Kaffeeröster nebenan heucheln zu müssen.

Meist sind es ja die Männer, die das Geschenkeembargo vorschlagen. Sie finden, wie ein Psychologe, den ich vor einiger Zeit interviewte, ernsthaft, dass sie selbst Geschenk genug sind. Sie wollen sich von der »Geschenkeindustrie« nicht vorschreiben lassen, wann genau sie etwas zu schenken haben, und wollen lieber, wie sie sagen, »meiner Frau immer mal dann etwas mitbringen, wenn mir danach ist«. Also nie. Und dann soll Shoppen für Männer ohnehin eine unbotmäßige Belastung darstellen. Das behauptet jedenfalls eine britische Studie. Demnach war das bei männlichen Testpersonen gemessene Stressniveau beim Einkauf mit dem der Piloten von Kampfflugzeugen oder von Polizisten bei gefährlichen Einsätzen durchaus vergleichbar. Eine Strapaze, die merkwürdigerweise nicht empfunden wird, wenn ein neuer Sitzrasenmäher oder neue Naben fürs 5000-Euro-Rennrad angeschafft werden.

Gut, das muss man sagen: Frauen sind manchmal auch schwierig. Da ist der gewünschte Schal nicht mauve, sondern dunkelgrau und die selbst aufgenommene CD offenbar nicht satisfaktionsfähig. Jedenfalls gemessen an der Uhr, die sie für ihn als Geschenk hat. Seit Monaten jammern sie, dass sie abnehmen wollen, und sind beleidigt, wenn man ihnen eine Mitgliedschaft im Fitnesscenter *und* bei den Weight Watchers schenkt. Obwohl das gar nicht billig war. Oft wissen sie weder das Geschenk noch den guten Willen dahinter zu schätzen. So wie die Frankfurterin, deren Mann ihr am Heiligen Abend stolz ein selbst gekauftes Set Luxusunterwäsche überreichte. Vier Nummern zu groß. Brav hatte er aus der Wäscheschublade seiner Frau eine Orientierungshilfe mit zum Einkauf in den Dessousladen genommen. Nicht einmal, als er sie der Verkäuferin zeigte und sie verschiedene Alternativen in der gewünschten Größe vor ihm ausbreitete, war ihm aufgefallen, dass es sich bei dem mitgebrachten Muster um die Schwangerschaftsunterwäsche handelte und seine Frau nach der Geburt des Kindes vor einem Jahr längst wieder erschlankt war. Was waren das noch für herrliche Zeiten, als man, um Frauen glücklich zu machen, bloß in die Haushaltswarenabteilung gehen musste. »Erfüllen wir doch Mutter diesen Wunsch«, warb die Firma Pfennigsberg zu Weihnachten 1955 für ihre vollautomatische Waschmaschine Constructa. Und später wusste wenigstens AEG, was Frauen wünschen. Heute sind Haushaltsgeräte zum Fest ein absolutes No-go. Es sei denn, man braucht ganz dringend die Scheidung.

Aber Frauen schenken nicht besser. Unsere Begabung fürs Einfühlen endet oft dort, wo wir glauben, missionarisch oder fürsorgerisch tätig werden zu müssen. Deshalb gibt es nicht den gewünschten Akkuschrauber oder die Dauerkarte für den Fußballverein, sondern Socken, Pullover und Opernkarten für zwei. Manchmal wollen wir auch Rache üben (dieses Mal wird Tante Inge für die Tortillapresse büßen) oder erzieherisch tätig werden (mit dem Hometrainer muss er sich ja endlich mal von der Couch bequemen/mit dem Hemd wird er mal sehen, wie gut es ihm steht, wenn er sich etwas flotter anzieht). Wir möchten uns als unverzichtbar erweisen (nur ich weiß, was dir guttut) oder Schadensausgleich leisten (okay, ich habe mich richtig mies benommen, aber dafür gibt es jetzt auch ein echt teures Geschenk).

Ja, man kann sich mit Geschenken auch gegenseitig fertigmachen. Wenn der eine – auch aus Furcht, danebenzugreifen – sich der lästigen Pflicht einfach mit möglichst wenig Aufwand entledigen will. Wenn der andere dagegen die Größe seiner Gefühle in einem Geschenk in der Größenordnung des Taj Mahal ausdrücken möchte und dafür aber auch Ergriffenheit bis Ostern erwartet. Bis Ostern 2025.

Die To-do-Liste von Kerzenleuchtern oder Hautpeelings, von Uhren, Büchern, Krawatten und selbst von Socken ist vermutlich länger als die von Angela Merkel. Man steht nicht mehr nur einfach mit einem Dampfkochtopf für die Schwiegermutter an der Kasse, sondern mit einem ganzen Wust von Erwartungen: »Diesmal muss sie sich einfach freuen, den kann sie nicht einfach in der Schublade verschwinden lassen wie die Tasche letztes Jahr, und nebenbei wird sie mir das nächste Mal vielleicht auch mal was Nützlicheres schenken als eine Weihnachtskugel mit einem Rentier auf Schlittschuhen drauf.« Meint: Wir tragen mit unseren Geschenken immer auch einen subtilen Kampf aus – um Anerkennung, um Status und auch Liebe.

Einen, den wir so zuverlässig verlieren wie Lothar Matthäus seine Trainerjobs. Weil wir uns vom Schenken immer so viel mehr erhoffen, als es zu leisten vermag. Mit herben Verlusten. Der US-Ökonom Joel Waldfogel hat einmal errechnet, dass allein in den USA jährlich Milliarden für Präsente verschwendet werden, die niemand wollte, die keinem gefallen und die einfach in irgendeiner dunklen Ecke verschwinden. Der Ökonom bezeichnet den Schenkmarathon als wahre »Orgie der Wertvernichtung«. »Wäre Weihnachten ein staatliches Programm«, schreibt er in *Warum Sie diesmal wirklich keine Weihnachtsgeschenke kaufen sollten,* »würde der Bund der Steuerzahler dagegen Sturm laufen.« Wenig erfreulich auch das Ergebnis einer Studie, wonach Beschenkte den Preis eines Geschenks durchschnittlich zwanzig Prozent niedriger einschätzen, als er tatsächlich betragen hat.

Und: »Mehr als sieben Geschenke machen unzufrieden«, so der Handelsexperte Thomas Reutterer in einem Interview mit dem österreichischen *Standard*. Kurz: Ein Zuviel des Guten ist auch problematisch.

Wie ruinös es sein kann, wenn man die Materialschlacht einfach immer weiter auf die Spitze treibt, zeigt das Schenkritual der Kwakiutl auf der Insel Vancouver. Bei ihnen war es lange Brauch, andere Stämme quasi in Grund und Boden zu schenken. Statt Krieg zu führen, traf man sich regelmäßig zum rituellen Austausch von Präsenten, zum *fighting with property*. Das hieß bei den Indianern nicht Weihnachten, sondern *potlatch*. Die Regel: Wer genommen hatte, musste wiedergeben, dasselbe und noch ein bisschen mehr. Also schenkte die eine Seite zehn Ziegen und einen Speer, im Gegenzug die andere zwanzig Ziegen und einen Esel und so weiter. Im Normalfall lag die Wertsteigerung der Geschenke bei dreißig bis hundert Prozent für jedes Jahr, das zwischen den einzelnen Potlatchs lag. In den 1930er-Jahren hat ein Häuptling nachweislich bei einem solchen Fest über 30 000 kostbare Decken »verschenkt«. Das konnte nur in bitterster Armut enden, weshalb das Ritual zeitweilig verboten war.

Also doch gar nichts mehr auf den Gabentisch, außer Verzicht? Oder kehren wir lieber zurück ins 19. Jahrhundert, an die Wurzeln des Geschenkeaustauschs zwischen Erwachsenen, als es nur Kleinigkeiten wie ein Buch, ein Spiel und Süßigkeiten gab? Man könnte einander auch Bestellscheine überreichen. Nur so zur Sicherheit, damit der Interpretationsspielraum möglichst klein bleibt und man am Ende nicht doch einen Ananasschäler bekommt. Aber das wäre auch eine Art Kapitulation und nicht im

Sinn des Festes. Der besteht auch darin, sich einmal wieder näher zu kommen, sich zu vergewissern was man einander bedeutet. Dann gilt es nur noch einen Ausdruck dafür zu finden. Den Wunsch erraten, den der andere vielleicht noch nicht mal selbst kennt. Schenken ist ja praktisch nichts anderes als angewandte Psychologie, praktiziertes Mitfühlen, umgesetzte Fantasie. Und wenn man dann noch reinen Herzens gibt, ohne Hintergedanken, ohne Subtext, mit nichts weiter als mit Zuneigung, kann auch bloß ein Buch oder ein Schal etwas ganz Besonderes sein. Gerade weil man eben nichts Besonderes daraus macht. Klingt paradox? Aber genau das offenbart ja das große Schenkdilemma: dass wir das Schenken mit so viel Ballast befrachten, dass es dabei seinen ganzen Zauber verliert und zur öden Pflichtveranstaltung mutiert.

Wirkliches Schenken, so Theodor W. Adorno in seiner *Minima Moralia,* sei etwas ganz anderes als das Abarbeiten von Listen: »Es heißt wählen, Zeit aufwenden, aus seinem Weg gehen, den anderen als Subjekt denken: das Gegenteil von Vergesslichkeit.« Und dann bedeutet es auch: mutig zu sein und nach der Devise »No risk, no fun« vorzugehen. Klar, einerseits klingt das so verlockend wie ein Sprung vom Zehnmeterbrett mit verbundenen Augen, ohne zu wissen, ob überhaupt Wasser im Becken ist. Andererseits wird man nur so das Glück über etwas gänzlich Unerwartetes erfahren. Sie meinen, das ist Ihnen zu riskant? Dass wird bloß wieder in einem Kochbuch von Schwiegermutti oder einer peinlichen Schweinchenwärmflasche vom Schwager münden? Und in der bitteren Erkenntnis, dass uns ausgerechnet unsere Nächsten offenbar am allerwenigsten kennen? Und wenn …

Es ist ja andererseits mindestens genauso trostlos, Einkaufsaufträge zu verteilen von Dingen, die man sich sowieso selbst angeschafft hätte. Und nebenbei ist es auch ein Misstrauensvotum, anderen nicht mal eine ordentliche Geschenkbeschaffung zuzutrauen. Sagt einem nicht außerdem die Lebenserfahrung, dass sich gerade das Bestellte oft ziemlich enttäuschend anfühlt? Weil es eben so vorhersehbar ist? Ganz besonders, wenn man Geld schenkt. Den Schenkenden macht das schon mal keine Freude, wie ich kürzlich bei einer nicht repräsentativen Umfrage bei einem Seniorenstammtisch feststellen konnte. Sämtliche Großeltern empfanden es als höchst frustrierend, immer nur Scheine in Umschläge zu stecken. »Ich verstehe, dass ich von der Welt meiner Enkel keine Ahnung habe. Dieser ganze Technikkram. Da wissen sie besser, was ihnen gefällt. Aber es ist nicht schön, wie ein Geldautomat betrachtet zu werden. Am Ende schauen die ja nicht auf ihr neues iPhone und sagen: ›Das ist von Opa.‹ Sie sagen: ›Das habe ich mir gekauft.‹« Eigentlich sollte man nur an Briefträger, Putzfrauen, Hausmeister Geld zum Fest verschenken. Das aber immer und ordentlich großzügig. Für alle anderen kann man sich gefälligst etwas anderes einfallen lassen. Sogar, wenn sie zu alt sind, um noch das Haus zu verlassen. Etwa: »Zehn Mal Erdbeerkuchen mit Sahne und einen Filmnachmittag mit einer DVD Deiner Wahl«.

Mag sein, dass der Enkel zwei Zwanzigeuroscheine einem Museumsbesuch mit dem Opa mit anschließendem Essen im Restaurant vorziehen würde. Aber woran werden sich die beiden wohl länger erinnern? »Ereignisse sind wie kleine Post-its – sie bleiben viel länger im Gedächtnis haften als Dinge«, sagte schon Dr. Eckart von

Hirschhausen. Deshalb und weil wir mit durchschnittlich 10 000 Dingen in unserem Besitz sowieso schon mehr als genug haben, hat der Agenturchef Michael Volkmer die Aktion »Zeit statt Zeug« ins Leben gerufen. Die Idee: »Der fünfte Schal, das zehnte Parfüm. Es klingt furchtbar banal. Aber Dinge, die wir kaufen und dann besitzen, kosten Zeit und Ressourcen. Traditionell verschärft sich das alles an Weihnachten noch ein wenig. Dabei denken wir noch, wir tun denen, die wir am meisten lieben, einen Gefallen, wenn wir ihnen Zeug schenken.« Wer nach Alternativen sucht, dem ist er auf der Website zeit-statt-zeug.de gern behilflich. Mit Vorschlägen wie »Fußballspielen statt Konsole«, »Zoobesuch statt Stofftier« oder »Hund ausführen statt eigenes Haustier«. Es spricht ja trotzdem nichts gegen ein paar schöne Dinge. Den liebevoll ausgesuchten Schmuck oder den gewünschten Roman auf dem Gabentisch.

Doch sollte immer auch ein Plätzchen für selbst Ausgedachtes reserviert bleiben, schon damit die Trennschärfe zwischen Weihnachten und einem Versandhaus gewahrt bleibt. Natürlich muss man für so viel Wagemut manchmal schreckliche Dinge wie etwa Mario-Barth-CDs oder Hornhauthobel in Form einer Katze in Kauf nehmen. Aber man kann sie nach dem Fest wenigstens mit Anstand loswerden. In Nürnberg etwa auf dem »Markt der langen G'sichter«. Dort wechseln seit mehr als zwanzig Jahren all die ungeliebten Dinge ihren Besitzer. Letztlich gibt es für alles einen Abnehmer: für die feurige Spanierin in Öl, die strassbesetzte Handyhülle, die Pflanzensäule mit Diamantsolarleuchte, für das Polyesternachthemd. Bloß nicht für Menschen, die es als überflüssig erachten, anderen eine Freude zu bereiten.

Nein, nicht schenken ist keine Lösung. Das gilt auch für Kinder und Jugendliche. Erstaunlicherweise kenne ich einige Mütter, die vor allem ihren Söhnen gern den Stress und die Ausgaben ersparen wollen und bescheiden seit Jahren auf auch nur die winzigste Anerkennung für all die gewaschenen Unterhosen, die Playstation und die jahrelangen Chauffeurdienste zu Fußballverein, Schwimmklub, Kindergeburtstagen, Nachhilfe verzichten. Aber: Wer etwas bekommt, der sollte auch etwas geben. Sonst zieht man nur schwer vermittelbare Kerle heran, die irgendwann Weihnachten ganz allein werden feiern müssen – weil Mutti nicht ewig leben wird. Am Ende kommen gerade an Weihnachten immer noch diejenigen Geschenke am teuersten, die man sich glaubte sparen zu können.

Weihnachtsschimpfe

Dass man eine Aversion gegen Brokkoli hat oder gar Helene Fischer nicht mag – alles verständlich. Aber Weihnachten? Dieses grundgute Fest der allerbesten Absichten? Genauso könnte man sagen, dass man Babys verabscheut. Doch wo so viel Licht ist, da gibt es auch Schatten: Das bringt die Weihnachtsverächter auf die Festbühne. Menschen wie die Unbekannten, die im April 2017 in Baden-Württemberg rund 600 Tannenbäumen die Spitzen abschnitten und sie damit sowohl für die weitere Aufzucht als auch für den Gebrauch als Weihnachtsbaum unbrauchbar machten.

Andere sind nicht so feige und posaunen ihre Aversion gegen das Fest der Liebe ganz offen hinaus. Zu ihnen zählt Oasis-Leadgitarrist Noel Gallagher, der einmal sagte: »Ich hasse Weihnachten. Ich hasse die religiösen Aspekte. Ich hasse es, dass die Geschäfte geschlossen sind, dass es dunkel und kalt ist. Ich hasse es, dass ich die Zeit mit der Familie verbringen soll. Ich hasse es, Geschenke zu machen und zu bekommen.« Vermutlich hasst er auch seinen Namen. »Noel« weist auf Christi Geburt an Weihnachten hin. Der Ursprung liegt im lateinischen Wort *natalis,* Geburtstag. Bei Schauspieler Hugh Grant hat sich die Weihnachtsallergie längst zur Weihnachtstradition ausgewachsen. Um dem Fest zu entkommen, verreiste er gemeinsam mit seinem Vater Jahr für Jahr, bevorzugt in muslimische Länder. Er sagte einmal: »Wir waren überall, zum Beispiel in Marrakesch. Wir hatten immer eine gute Zeit und kamen erst zurück, wenn alles vorbei war.« Michael Curtin gründete für seinen gleichnamigen Roman gleich einen ganzen »Club der Weihnachtshasser«. Dort heißt es: »Wenn Weihnachten ein Mensch wäre, dann würde ich in einer nebligen Nacht rausgehen und ihm die Gurgel durchschneiden, und dann würde ich mich der Polizei stellen, und den Rest meines Lebens würde ich im Gefängnis Videos anschauen und wäre glücklich.«

Man braucht kein Psychologiediplom, um zu verstehen, dass wer so gegen Weihnachten rast, genau jene tiefe Beziehung zum Fest offenbart, von der er sich doch eigentlich lossagen will. Das gilt auch für jenes Fünftel der Deutschen, die laut einer Umfrage das Fest am liebsten abschaffen würde. Nicht ahnend, damit Teil eines urweihnachtlichen Brauchtums zu sein. Denn die Ablehnung des Festes hat eine genauso lange Geschichte wie Weihnachten selbst. Von Anfang an ganz vorn im Chor der Kritiker ausgerechnet jene Institutionen, denen wir ja überhaupt den ganzen Rummel verdanken: die Kirchen selbst. Stets ging den Katholiken die angebliche Profanisierung des Festes zu weit. Den Lutheranern widerstrebte dagegen das heilige Tamtam, das die Katholiken darum machten. Einig war man sich in einer Sache: der Anprangerung des Konsumrummels. Wofür Papst Benedikt XVI.

einmal folgende Worte fand: »Heute ist Weihnachten zu einem Fest der Geschäfte geworden, deren greller Glanz das Geheimnis der Demut Gottes verdeckt.« Er forderte die Gläubigen auf, hinter den glänzenden Fassaden unserer Zeit »die wahre Freude und das wirkliche Licht zu entdecken« (wobei die »Weihnachtskerze Stille Nacht« für 9,95 Euro aus dem Onlineshop der katholischen Kirche – katholisch.de – sicher sehr hilfreich war).

Neben den Christen hatte stets auch die ein oder andere Partei etwas gegen Weihnachten. Die Kommunisten lehnten das Fest schon wegen seiner christlichen Wurzeln und überhaupt die ganze Religion als »Opium für das Volk« ab. Man glaubte ja nicht an Gott und deshalb auch nicht an Christi Geburt. Aber an Karl Marx, Friedrich Engels und Wladimir Iljitsch Lenin. Speziell Weihnachten würde da nur vom Wesentlichen – der Weltrevolution – ablenken. »Proletenweihnacht« bedeutete deshalb: keine Tanne, keine Geschenke. Oft allerdings auch nur, weil man dafür kein Geld hatte und in tiefster Armut lebte. Weihnachten war für die Arbeiterbewegung deshalb immer auch ein Symbol für den Zynismus, mit dem einen der Kapitalismus um die Sehnsüchte betrog, die er sich selbst so freigebig erfüllte. So wie er sich in Erich Kästners »Weihnachtslied chemisch gereinigt« aus dem Jahr 1927 spiegelt: »Morgen, Kinder, wird's nichts geben! / Nur wer hat, kriegt noch geschenkt. / Mutter schenkte euch das Leben. / Das genügt, wenn man's bedenkt. / Einmal kommt auch eure Zeit. / Morgen ist's noch nicht soweit. / Doch ihr dürft nicht traurig werden. / Reiche haben Armut gern. / Gänsebraten macht Beschwerden. / Puppen sind nicht mehr modern. / Morgen kommt der Weihnachtsmann. / Allerdings nur nebenan / …« Trotzig behauptete die KPD in ihrem Zentralorgan *Die Rote Fahne* seinerzeit, dass sich das »bürgerliche Weihnachtsfest«, das wie kein anderes Fest »in so verlogener Weise und so raffinierter Form die Klassenharmonie« predige, ohnehin nicht mit der »proletarischen Weltanschauung vereinbare«.

Auch als Weihnachtsmuffel kann man sich seine Gesellschaft nicht aussuchen und landet damit prompt in der denkbar schlechtesten. Denn auch die Nationalsozialisten hatten ja grundsätzlich etwas gegen das Fest. Es sollte einfach keinen Gott neben dem Führer geben. Ganz zu schweigen von Weihnachtsqualitäten wie Nächstenliebe, Friedlichkeit, Großmut, die nicht im Sinne von Leuten liegen konnten, die sich hauptberuflich mit Länderüberfallen und Massenmord beschäftigten. Dass das Fest trotz Auschwitz, Bergen-Belsen, Dachau, Buchenwald, Flossenbürg, Groß-Rosen, Gusen, Herzogenbusch-Vught, Hinzert, Kaunas, Majdanek, Mauthausen, Mittelbau, Moringen, Natzweiler-Struthof, Neuengamme, Niederhagen-Wewelsburg, Plaszow, Ravensbrück, Riga-Kaiserwald, Vaivara, Sachsenhausen, Stutthof, Warschau so gefeiert wurde, als könne es ein gutes im schlechten Leben geben, nahm ihm später die Studentenrevolte gründlich übel. Aber die war ja auch nicht dabei, als man versuchte, dem Grauen ein Stück Normalität abzugewinnen, und hat auch nicht erlebt, wie Weihnachten noch oder gerade unter widrigsten Umständen Hoffnung spenden konnte.

Maria Kösters, die als Vierzehnjährige aufgrund eines falschen Geständnisses 1943 nach Ravensbrück kam, erinnerte sich später an ihr »schönstes Erlebnis«: Weil Weihnachten war, hatte ihr die Lagerleiterin Milchsuppe mit Haferflocken vorgesetzt. »So schnell habe ich noch nie Suppe gegessen«, erzählte sie der Historikerin Gisela Schwarze, die Schicksale von Jugendlichen in der NS-Zeit akribisch recherchiert hat. Wer deshalb meint, dass es so unmenschlich ja gar nicht gewesen sein kann: Man geht davon aus, dass allein in Ravensbrück 28 000 Menschen starben, auch während überall im Deutschen Reich an den Tannenbäumen die Kerzen entzündet, Geschenke ausgepackt und »O du fröhliche« gesungen wurde. Ja, da kann man schon mal Weihnachtshasser werden. Zumal wegen der Zwanghaftigkeit, mit der gerade zum Fest versucht wurde, eine Idylle vorzutäuschen, wo längst keine mehr war.

Die wollte man sich in den wilden Sechzigern nicht mehr so einfach verordnen lassen und auch nicht, welche Themen zur Gans auf den Tisch zu kommen hatten und welche man besser vermied. Sah das Drehbuch Vater, Mutter, Kinder glücklich unter der Tanne vor, schrieb die Jugend das Stück nun kurzerhand um. Erstmals wurden ausgerechnet an Weihnachten Fragen gestellt, die man nicht mal den Rest des Jahres beantworten mochte. Solche wie: »Was habt ihr eigentlich gemacht, als eure jüdischen Nachbarn abgeholt wurden?«, aber auch: »Wie kann man seelenruhig Hunderte von Mark für Lachs, Hummer, Gänsebraten ausgeben, wenn sich in Biafra gerade eine unfassliche Hungerkatastrophe ereignet?« Dass christliche Politiker sich dann auch noch gegen eine weihnachtliche Waffenruhe in Vietnam aussprachen, kostete das Fest weitere Sympathien beim politisierten Nachwuchs.

Der musste aber zum Glück nun nicht mehr wie Generationen vor ihm mit den Eltern feiern. Es gab erstmals auch Fluchtmöglichkeiten aus der Zwangsbesinnlichkeit. Einen Umzug in eine Wohngemeinschaft etwa, wo man sich das vermeintliche Spießerfest ordentlich zur Brust nahm. An Weihnachten konnte man perfekt sein revolutionäres Exempel statuieren. Rainer Langhans schreibt im *Spiegel* über die speziellen Weihnachtsvorbereitungen in der Kommune I: »Wir sahen darin vor allem eine Gelegenheit, unsere Mitmenschen darauf aufmerksam zu machen, dass sie ein falsches Leben führen. Und wir wollten das vorführen, wir wollten sie stören in ihrer Scheinheiligkeit. Also haben wir uns hingesetzt und gezielt überlegt, worüber sich die normalen Leute wohl aufregen würden.« Man einigte sich schließlich darauf, im größten Weihnachtsrummel auf dem Ku'damm Flugblätter gegen den Vietnamkrieg zu verteilen und statt Spekulatius und Stollen Haschplätzchen zu backen. »Aber nicht speziell zu Weihnachten. Damit hätten wir dem Weihnachtsfest zu viel Ehre getan.«

In der Kommune II hatte man ganz andere Probleme. Kinder nämlich im Alter von drei und vier Jahren. Ihretwegen konnte man das Fest nicht einfach ausfallen lassen. Sie waren längst im staatlichen Kindergarten »von der Feststimmung infiziert worden«. Deshalb, so Doris Foitzik in *Rote Sterne, braune Runen,* plädierte die eine Gruppe für Weihnachtsbaum und gemütliches Beisammensein. Die andere für »chaotische Vernichtung weihnachtlicher Gefühlsseligkeit und Innerlichkeit«. Die Kinder sollten ihren Baum bekommen: in ihrem Zimmer. Die Erwachsenen wollten ihn gemeinsam mit ihnen nach ihren Vorstellungen schmücken. Was zur Folge hatte, dass schließlich »aller möglicher Plunder« an der Tanne hing. Geplant war ein rituelles Zerhacken des Baumes nach dem Fest, gemeinsam mit den Kindern, die hatten aber keine Lust darauf. In Frankfurt setzten sich die Miet-Nikoläuse des studentischen Schnelldienstes der Missbilligung ihrer Kommilitonen aus, weil sie angeblich der schwarzen Pädagogik dienten. Das widerspreche den Bemühungen des Studentenparlaments um »eine antiautoritäre und repressionsfreie Erziehung«.

Weihnachten war nicht nur politisch zweifelhaft, es gehörte bald auch zur Arbeitsplatzbeschreibung der Jugend, durch eine Abkehr von diesem Fest Unabhängigkeit vom Elternhaus zu demonstrieren. Man musste wenigstens nach der Bescherung noch das Haus verlassen, für einen Besuch im Jugendzentrum, im Musikklub, in der Disco. Um dort die »spießige Enge« daheim zu beklagen, der man ja längst entwachsen war, und dabei die so angesagte Wrangler zu tragen, die einem das Christkind gerade gebracht hatte.

Neben den politisch motivierten Gründen gibt es außerdem noch tausend weitere Schnellstraßen, die direkt in ein Weihnachtstrauma führen können. Weil das Fest so ein verlogenes Miststück sein kann, das einem Familienharmonie predigt, um einen dann etwa mit zwei alkoholkranken Eltern allein zu lassen. Weil man nie, wirklich nie das bekommt, was man sich gewünscht hat. Und dann ist Weihnachten auch nicht, bloß weil Weihnachten ist, von jeglichen Großkatastrophen befreit. Mir erzählte einmal ein Polizist, wie er am Heiligen Abend in das Haus eines Selbstmörders gerufen wurde. Der Familienvater hatte während der Bescherung unbemerkt das Wohnzimmer verlassen, in dem seine Kinder, seine Frau, seine Eltern mit Geschenkeauspacken beschäftigt waren, war in den ersten Stock gegangen und hatte sich erhängt.

Ja, *Christmas sucks,* das muss auch mal gesagt werden, und dass immer auch stimmen kann, was Tom Waits in dem gleichnamigen Song konstatiert: »This thing we call christmas is a sorry black plague.«

Zweifelsohne gibt es exzellente Gründe, das Fest zu meiden. Und ein paar mittelgute. Manche haben bloß keine Lust, Geschenke zu beschaffen, wollen sich den ganzen Rummel und die Vorbereitungsarbeiten ersparen oder sich von der Verwandtschaft nicht schon wieder fragen lassen, warum man eigentlich immer noch Single ist, keine Kinder hat, denselben schlecht bezahlten Job macht, die zwanzig Kilo zu viel auf den Rippen weiterhin mit sich herumträgt. Überhaupt belastet manche die Vorstellung, drei Tage am Stück mit Menschen verbringen zu müssen, denen sie das ganze Jahr erfolgreich aus dem Weg gehen. Und wenn dann noch Alkohol, Zeit und Erwartungsdruck dazukommen, hat man etwas, das eigentlich unter das Waffengesetz gehört.

Leider lässt sich eine Überdosis Familie nicht in erträgliche Kleinportionen teilen, die man einfrieren und bei Bedarf auftauen oder an Bedürftige verteilen kann. Dann würde ein weiteres Motiv wegfallen, Weihnachten nicht ausstehen zu können: Einsamkeit. Nicht umsonst machte vor nicht allzu langer Zeit der Werbespot einer Supermarktkette ungeahnte Furore: Nachdem er jahrelang Weihnachten allein feiern musste, weil niemand Zeit hatte, verschickt ein alter Witwer seine eigene Todesnachricht an seine Kinder. In dem Glauben, zur Beerdigung ihres Vaters anzureisen, trudeln sie alle am Heiligen Abend mit Ehepartner und Enkeln ein und werden von einer gedeckten Weihnachtstafel, einem geschmückten Weihnachtsbaum und einem quietschlebendigen Senior empfangen, der sagt: »Wie hätte ich euch denn sonst alle zusammenbringen sollen?!« Und damit wird es doch noch ein Heiliger Abend wie aus dem Bilderbuch. Man ist als Zuschauer fast zwangsgerührt, wie am Ende alles gut wird.

Andererseits hatte der alte Mann wenigstens jemanden, dem er eine Sterbeanzeige schicken konnte. Ein Luxus, über den längst nicht jeder verfügt. Weil der Partner verstorben ist, weil man getrennt ist und sonst keine Familie hat. Eine Freundin, Engländerin, sagte einmal, dass sie diese »so deutsche Blut-ist-dicker-als-Wasser-Mentalität« ohnehin nicht verstehe: »Kennt ihr nicht das Zitat von George Bernard Shaw: ›Freunde sind Gottes Entschuldigung für Verwandte?‹ Immer nur mit der Familie und der Rest muss draußen bleiben, das kann doch nur in einen Lagerkoller münden, und außerdem ist es nicht mehr zeitgemäß.« Es täte der Weihnachtsstimmung tatsächlich gut, das Fest nicht wie einen exklusiven Klub zu betrachten, zu dem nur Blutsverwandte und ihre Partner zugelassen sind. Sehr viel besser wäre es doch, man würde vor allem die Netten, die Lustigen, die Großzügigen und dann noch hochbegabte Köche und talentierte Genießer an die Weihnachtstafel bitten. Auch auf die Gefahr hin, dass für einige Anverwandte dann kein Platz mehr ist. In England, sagt sie, finden am Abend des 24. Dezember große Essen und auch Partys statt, zu denen man selbstverständlich auch Freunde einlädt. Beschert wird ja traditionell am 25. Dezember morgens. »Das ist ja eher keine sehr gesellige Tageszeit. Da fällt es nicht so auf, wenn die Familie unter sich bleibt. Obwohl das auch nicht in Stein gemeißelt ist.« Aber welche Freunde lädt man ein? Und wenn man sich entschieden hat: Muss man es dann nicht alle Jahre wieder tun? Welche werden einem auf ewig gram sein, weil man sie nicht zum Fest gebeten hat?

Gut, dass es einen Plan B gibt: Man könnte jetzt noch rasch zum Last-Minute-Schalter des nächsten Flughafens eilen und ein Ticket für Regionen lösen, in denen man keine Tannenbäume und nicht mal Palmen schmückt, weit jenseits von »White Christmas« und Fragen wie: »Kann man das umtauschen?«. Wo man am Heiligen Abend an der Strandbar sitzt und nicht in der Mitternachtsmesse, wo sich das ganze Fest einfach total gut verdrängen lässt. Bloß: Wo soll das sein? Selbst in China, wo nur zwei Prozent der Bevölkerung Christen sind, gibt es mittlerweile deutsche Weihnachtsmärkte, stehen geschmückte Tannen auf den großen Plätzen, wird das Fest immer beliebter. Will man Weihnachten erfolgreich ganz aus dem Weg gehen, bleibt eigentlich nur Nordkorea. Hier ist schon der Besitz einer Bibel bei (Todes-)Strafe verboten, und allein das Singen eines Weihnachtslieds kann einen ins Arbeitslager bringen. Seit 1971 steht zwar auf dem Hügel Aegibong westlich von Seoul, knapp drei Kilometer von der innerkoreanischen Grenze entfernt, ein Stahlgerüst, das zur Weihnachtszeit mit Tausenden von blinkenden Lichtlein und Sternen und einem überdimensionalen Kreuz auf seiner Spitze den Nordkoreanern einen Weihnachtsbaum und grenzenlose Stromvorräte vorleuchtet. Aber von seiner ehemals stattlichen Größe von achtzehn Metern wurde er 2014 auf neun Meter »abgerüstet«, und wer weiß, vielleicht macht Kim Jong-un seine spezielle Form der Weihnachtstradition wahr. Denn alle Jahre wieder droht er mit »unerwarteten Konsequenzen«, also damit, dem Gerüst die Lichter mit Artilleriebeschuss auszupusten. Es könnte einem natürlich zu denken geben, dass ausgerechnet eine Diktatur ein garantiert weihnachtsfreier Ort ist. Dass Menschen sogar ihr Leben riskieren, um das Fest trotzdem irgendwie zu feiern.

Am Ende muss sich der Weihnachtshasser immer auch fragen lassen: Wie kann einem überhaupt etwas wirklich richtig egal sein, das man so tunlichst vermeidet? Oder ist es nicht vielmehr so, wie es der Frankfurter Soziologe Tilman Allert formuliert: »Solange Menschen an diesen Tagen etwas Besonderes tun, gibt es niemanden, der Weihnachten nicht feiert.« Manchmal muss man wohl erst einmal einfach an den Ursprung des Festes geführt oder von einem Weihnachtstrauma geheilt werden, um schließlich solchermaßen geläutert zu seinem größten Fan zu werden. So wie in dem Roman um den wohl berühmtesten aller Weihnachtsverächter: *A Christmas Carol* von Charles Dickens aus dem Jahr 1843. Darin führen Geister den alten Geizkragen Ebenezer Scrooge erst an die Wurzeln seiner Weihnachtsverachtung, um ihn dann durch das Stahlbad der Weihnachtstugenden Nächstenliebe, Freundlichkeit, Familiensinn, Großmut zu schicken und ihm außerdem ein wenig Angst damit zu machen, wohin einen ein Leben ohne Weihnachten führen wird: in Einsamkeit und Verhärmung.

Oder der Grinch, ein missmutiges gnomartiges Wesen, das in Whoville, einem Dorf voller Weihnachtsenthusiasten, alle Geschenke klaut. Er kann nichts dafür und Weihnachten auch nicht. Es ist nur so, dass sein Herz »zwei Nummern zu klein« ist. Als er erfährt, dass die Menschen auch ohne Geschenke sehr gut Weihnachten feiern, vollzieht sich der Wandel: »Well, in Whoville they say – that the Grinch's small heart grew three sizes that day!« Der amerikanische Kinderbuchautor und Cartoonzeichner Theodor Seuss Geisel (1904–1991), Sohn eines deutschstämmigen Vaters, hat sich die Geschichte *Wie der Grinch Weihnachten gestohlen hat* 1957 ausgedacht. Ihm verdankt die Welt übrigens auch die Erfindung des Nerds, ein Begriff, den er erstmals 1950 in einem seiner Bücher benutzte. Dass der Grinch gleich bei seiner Geburt so alt war wie sein Schöpfer – 53 Jahre –, ist nicht die einzige Ähnlichkeit zwischen den beiden. In einem Interview mit 11points.com erzählte Dr. Seuss, so sein Pseudonym, wie er an einem Tag nach Weihnachten im Badezimmerspiegel sein »very grinch-ish« Konterfei entdeckte und dass entweder etwas mit Weihnachten oder mit ihm schiefgelaufen sein musste. »Also schrieb ich die Geschichte, um zu sehen, ob ich etwas über Weihnachten wiederentdecken könnte, das ich offensichtlich verloren hatte.«

Klar kann man das Fest kritisch sehen. Sollte man auch. Schon um sich und den Seinen den ganzen Ballast aus Verpflichtungen, Erwartungen, Perfektionsdruck zu ersparen, der oft so bleischwer auf Weihnachten lastet. Der alles erdrückt, was an Weihnachten so schön ist, lebendig, wunderbar. Damit es ein maßgeschneidertes und kein Fest von der Stange wird, eines, das Freude bereitet und bei dem man nicht bloß ein vermeintliches Harmonieplansoll erfüllt. Man muss sich längst nicht mehr vorschreiben lassen, wie das Fest zu sein hat, damit es ein »richtiges« ist. Aber genauso ist Skepsis gegenüber den Kritikern geboten. Nicht mal *Weihnachten bei den Hoppenstedts* ist so unglaublich spießig wie die selbst ernannten Christmas-Rebellen, deren revolutionäres Potenzial sich einzig in Weihnachtsverachtung und Sarkasmus erschöpft, anstatt es in lohnendere und natürlich auch aufwendigere Projekte zu stecken. Gegen das Fest zu sein ist längst viel zu banal, um als cool durchzugehen. Das war es vielleicht einmal, als man noch gegen diese manchmal so brutal ritualisierte Erstarrung angehen *musste,* die da unter der Tanne zelebriert wurde, als es noch etwas kostete – nämlich Mut. Aber da kämpfte man ja eigentlich auch nicht gegen das Fest, sondern gegen das Korsett, in das man es gezwängt hatte.

Weihnachten kann eine rundum gelungene Mischung aus gerade so vielen Ritualen sein, um sich zu Hause und aufgehoben zu fühlen, und aus ebenso viel Freiheiten, es mit eigenen Gestaltungselementen anzureichern. Im Prinzip verhält es sich wie mit Hochzeiten. Da erzielt man auch die besten Ergebnisse mit dem alten englischen Spruch »Something Old, Something New, Something Borrowed«. Oder um es frei nach Karl Valentin zu sagen: »Ich freue mich auf den Heiligen Abend, denn wenn ich mich nicht drauf freue, kommt er ja doch.« So fühlt man sich vielleicht drei Tage vor dem Fest wie eine Schwangere im neunten Monat: deutlich zu spät dran, um noch einen Rückzieher zu machen. Man spürt diesen Druck, dass alles bilderbuchmäßig sein soll, den Kommerzrummel und den manchmal recht krassen Kontrast zwischen dem Christmas-Harmonie-Plansoll und der beinharten Weihnachtsrealität daheim. Einerseits. Andererseits würde man mit dem Fest gleich auch diese so wundervollen Ideen »Familie« und »Freundschaft« abschaffen, mit allem, was dazugehört. Auch den Verpflichtungen und der Verantwortung, den Zwistigkeiten, dem Zähnezusammenbeißen, die eben auch ins Gesamtpaket »Beziehung« gehören. Man würde sich nicht mal mehr wenigstens ein Mal im Jahr die Zeit nehmen, zusammenzukommen und die Geduld und die Nachsicht aufzubringen, es mit sich und miteinander auszuhalten. Ja, auch mit Onkel Ludwig und Tante Gertrud, die wieder »heimlich« fettige Gansstücke auf den Designerteppich fallen lassen werden, damit ihr Schatzi, ein ohnehin übergewichtiger und asthmatischer Mops, auch was von Weihnachten hat. Mit der Nachbarin, die ihr Myomproblem für ein ideales Tischgespräch hält. Mit der Teenagertochter, die mault, weil sie ihr Handy mal für eine Stunde aus der Hand legen soll. Mit der neuen Frau des Vaters, die einem gerade ein Armband aus den ausgebürsteten Haaren ihres Hundes geschenkt hat. Mit einer Freundin, die vor den Kindern ihre nicht ganz jugendfreien Liebesgeschichten ausbreitet, und mit dem eigenen Mann, der einem gerade in der Weihnachtszeit sehr, sehr fremd sein kann. Zumal mit seiner doch recht weihnachtsfeindlichen Anregung, dass man sich doch mal lockermachen und nicht immer so angespannt sein soll.

Was wäre die Alternative? Eine Scheidung, bloß weil die Tanne, die der Gatte natürlich viel zu spät beschafft hat, so mickrig aussieht? Oder lieber Sportkanal schauen anstatt *Die Weihnachtsgeschichte?* Dass wir irgendwann nur noch uns selbst auszuhalten brauchen, und auch das nicht gerade mit Begeisterung? Dass unser Horizont immer enger wird – weil wir daraus alles eliminieren, was uns gegen den Strich geht? Dass wir ein Leben in einer Monoechokammer führen, in dem wir noch den geringsten Widerspruch, die kleinsten Zumutungen aussperren können, die nun einmal mit jeder Form von Nähe einhergehen? Was wir aber an Weihnachten nicht hinbekommen, wird uns auch im Rest des Lebens nicht gelingen. Das Fest schult ja nicht nur Nehmer- und Geberqualitäten. Es ist der vielleicht letzte Strandhafer in den Wanderdünen der Unverbindlichkeiten.

Wir sollten Weihnachten also verdammt dankbar sein und schon aus Eigennutz auf keinen Fall darauf verzichten. Ohne seine Appelle an Barmherzigkeit, Frieden, an Wohlwollen, Großmut wäre diese Welt ein noch viel trostloserer Ort, und wir würden es vermutlich gar nicht mehr miteinander aushalten ohne diese so urweihnachtliche Erfahrung von Nähe, Wärme, Geborgenheit. Mit dem Fest stocken wir die weltweiten Vorräte an Familiensinn, Freundschaft, Verbindlichkeit, Friedfertigkeit und Toleranz auf. Es lohnt sich also, dafür auch mal eine XXL-Kröte hinunterzuschlucken und den vierzehnjährigen Dauernörgler mit unterirdischer Laune nicht kurzerhand an einer Raststätte abzusetzen. Man kann ja mit ordentlich viel Eierlikör oder Glühwein nachspülen, sich von hochkalorischen Köstlichkeiten trösten lassen und dabei fest an ein amerikanisches Sprichwort denken: Wer Weihnachten nicht im Herzen hat, der wird es auch niemals unter der Tanne finden.

Dank

Im Fahrwasser von Weihnachten liegt Dankbarkeit idealerweise ohnehin nahe. In diesem Fall gebührt sie meiner Familie – der angehörigen und der selbst gewählten. Meinen Freundinnen, die nicht nur zur Weihnachtszeit Fans dieser schönen Idee sind, füreinander da zu sein. Meinem Mann, der Geschenke so verpacken kann, dass sie aussehen wie etwas von Beuys. Günther, Jörg, Sven, die alle Jahre wieder unverdrossen antreten, »to make Christmas great again!«. Patricia, der hochbegabten Innen- und Außendekorateurin des Festes. Und natürlich Susanne, der Allerbesten, weil sich ihre Großherzigkeit an überhaupt keine Termine hält. Nicht zu vergessen Bettina Feldweg, Verena Pritschow, Sabine Wünsch für das sehr beruhigende Gefühl, dass Weihnachten Teamwork bleibt.